CONTRA O COLONIALISMO

A colonização começa quase sempre pela imposição da força sob sua forma pura, ou seja, pela conquista. Um povo, submetido pelas armas, de repente tem que obedecer às ordens de estrangeiros de outra cor, de outra língua, de toda uma outra cultura, convencido da própria superioridade. Consequentemente, como é preciso viver, e conviver, certa estabilidade é estabelecida, fundada sob um compromisso entre a coerção e a colaboração. É verdade que toda vida social é fundada nesse compromisso, mas as proporções de coerção e colaboração diferem e, nas colônias, parte da coerção costuma ser maior do que em outros lugares. Não seria difícil encontrar uma colônia pertencente a um Estado democrático em que a coerção seja, em muitos casos, pior que no pior Estado totalitário da Europa.

SIMONE WEIL
CONTRA O COLONIALISMO

Apresentação Valérie Gérard
Posfácio Maria Clara Lucchetti Bingemer
Tradução Carolina Selvatici

© Valérie Gérard (prefácio), 2018
© Bazar do Tempo (edição brasileira), 2019

Todos os direitos reservados e protegidos pela
Lei n. 9610 de 12.2.1998. É proibida a reprodução total
ou parcial sem a expressa anuência da editora.

Este livro foi revisado segundo o Acordo Ortográfico da
Língua Portuguesa de 1990, em vigor no Brasil desde 2009.

EDITORA Ana Cecilia Impellizieri Martins
COORDENAÇÃO EDITORIAL Maria de Andrade
ASSISTENTE EDITORIAL Catarina Lins
TRADUÇÃO Carolina Selvatici
PREPARAÇÃO DE ORIGINAIS Manoela Sawitzki
REVISÃO Vanessa Gouveia
PROJETO GRÁFICO Thiago Lacaz
FOTO DA CAPA Mulher muçulmana em meio a protesto contra a
Guarda Republicana da França. Argélia, 1960 / Getty Images
AGRADECIMENTOS Maria Clara Luchetti Bingemer

Bazar do Tempo
Produções e Empreendimentos Culturais Ltda.
rua General Dionísio, 53, Humaitá
22271-050 Rio de Janeiro RJ
contato@bazardotempo.com.br
bazardotempo.com.br

APRESENTAÇÃO
Simone Weil e o pensamento anticolonial 9
Valérie Gérard

PARTE I
"Esses membros palpitantes da pátria" 33
O sangue corre na Tunísia 45
Quem é culpado pelas iniciativas antifrancesas? 51
O Marrocos ou a prescrição em termos de roubo 59
Carta aos indochineses 67

PARTE II
As novas questões do problema colonial
no Império Francês 73
Sobre a questão colonial e sua relação
com o destino do povo francês 83

POSFÁCIO
Quem foi Simone Weil 107
Maria Clara Lucchetti Bingemer

APRESENTAÇÃO
SIMONE WEIL E O PENSAMENTO ANTICOLONIAL
Valérie Gérard

> *Com tudo isso, não podemos mais dizer nem pensar que recebemos do Céu a missão de ensinar o Universo a viver.*

Simone Weil foi tão sensível ao horror da colonização que, depois de se decepcionar com todos os movimentos sindicais e políticos com os quais havia se envolvido, quando decidiu "se retirar totalmente de qualquer tipo de política", ela indicou que passaria apenas a se preocupar com a luta contra a guerra e a luta anticolonial.[1] A colonização não era uma questão puramente política: era a possibilidade de uma vida espiritual, intelectual e moral que estava em jogo.

Ela foi tão sensível ao horror da colonização que fez dela um paradigma para pensar a política em seu todo, e para delimitar sua crítica à civilização. Seu livro póstumo, *O enraizamento*, tenta propor respostas para o problema – ou melhor, para o desastre – do desenraizamento provocado pelas práticas coloniais das nações europeias tanto

---

1. Ver Simone Pétrement, *La vie de Simone Weil*, Paris: Fayard, 1973, p. 291.

nos territórios conquistados quanto no próprio território. A colonização era externa e interna – interna também aos espíritos alienados, isolados dos meios e das áreas das quais eles poderiam extrair uma vida própria. "Certa intensidade de vida moral que está sempre ligada à liberdade" é perdida na colonização, talvez de forma irremediável.

Duas séries de textos são testemunhas dessa sensibilidade.

A primeira, denuncia o destino injusto e cruel que a França, e especialmente a França da Frente Popular, reservou à população colonial sobre seu território. Weil demonstra ali uma esperança de ver os colonizados se revoltarem: "Desejo com todas as forças o dia [...] em que as populações oriundas das colônias francesas terão, enfim, o equivalente do que foram, para os operários franceses, as jornadas de junho de 1936".[2]

A segunda série de textos surgiu de uma análise das civilizações inscrita na conjuntura da guerra que viria a acontecer ("As novas questões do problema colonial no Império Francês", de dezembro de 1938) ou que estava acontecendo ("Sobre a questão colonial e sua relação com o destino do povo francês", de 1943). A perspectiva mudou completamente. A situação tornava a resistência

---

2. N. do E.: Entre maio e junho de 1936, a Frente Popular (Front Populaire), coalisão de partidos de esquerda, organiza uma série de manifestações que resultou, em junho, em um grande movimento de greve que tomou toda a França, com paralizações e ocupações, envolvendo cerca de 2 milhões de grevistas.

à Alemanha nazista uma necessidade primordial, e Simone Weil se dirige ao governo, ou à França livre. Era preciso saber o que podia tornar a França capaz de resistir à conquista nazista e, sobretudo, o que podia inspirar essa resistência e dar sentido a ela. Essa questão não podia ser separada da colonização, sobretudo porque o paradigma colonial permitia compreender os movimentos daquela guerra: "O hitlerismo é a aplicação dos métodos de conquista e dominação coloniais pela Alemanha ao continente europeu e, de maneira mais genérica, aos países de raça branca."

Voltados para a resistência contra a Alemanha, os últimos textos têm um quê de menos radicais que os primeiros. Podemos ver que o terreno das civilizações, e de sua comparação, é às vezes perigoso. No entanto, é preciso levar em conta a época, o contexto; é preciso entender no que implicam, aos olhos de Simone Weil, as comparações entre civilizações (ela não acha que a história tenha seguido o caminho do progresso); é preciso voltar à constatação que, mesmo nesses textos, continua implacável: "Não seria difícil encontrar uma colônia pertencente a um Estado democrático em que a coerção seja, em muitos casos, pior que no pior Estado totalitário da Europa."

UM "EU ACUSO" ANTICOLONIAL

Eu acuso o Estado francês e os sucessivos governos que o representaram até hoje, inclusive os dois governos da Frente Popular [...], eu acuso uma grande parte dos colonos e funcionários públicos franceses [...]. Todos os que já trataram um árabe com desprezo; que levam o sangue árabe a ser derramado pela polícia; que dirigiram ou dirigem a expropriação progressiva dos agricultores indígenas, aqueles, colonos ou industriais, que tratam seus operários como animais de carga, aqueles, funcionários públicos, que exigem que paguemos a eles, pelo mesmo trabalho, um terço a mais do que é pago a seus colegas árabes; estes são os que semeiam em território africano o ódio à França.

A linguagem dos nativos mais revoltados é uma prova menos avassaladora para a colonização do que a de muitos colonos.

Simone Weil contou muitas vezes que ela tomou consciência do que era a colonização em 1930 lendo uma série de artigos sobre a repressão brutal de uma revolta na Indochina pelas autoridades francesas. A partir daquele momento, ela teve "vergonha de seu país". "Desde aquele dia, não consigo encontrar um indochinês, um argelino, um marroquino, sem ter vontade de pedir perdão."

Mas a dor adquiriu outra dimensão, tornou-se uma dor da contradição, quando as perseguições infligidas às populações colonizadas, ou aos trabalhadores vindos das colônias, vieram de seu próprio lado; quando ela percebeu que seus camaradas também eram indiferentes a essas práticas. Ela passou a ter vergonha "dos democratas, socialistas e da classe operária francesa", das organizações antifascistas. Vergonha de "nós", "e, quando digo 'nós', estou falando de todos que participam de uma organização da Frente Popular": "Nós também, franceses 'de esquerda', continuamos a deixar que pese sobre os nativos das colônias a mesma coerção impiedosa. [...] Se cada um de nós se olhar no espelho, veremos um dos responsáveis."

Mais uma vez, em seu percurso político e militante, ela constatava que a contradição entre os ideais emancipatórios e as práticas de dominação, de discriminação, de violência, tirava o sentido dos movimentos, lutas e organizações. Essa constatação a afastava mais uma vez de seus companheiros de luta e da política.

Simone Weil era sensível ao fato de que a colonização se repetia na França metropolitana, e sobretudo nas fábricas, em que operários argelinos eram destituídos de todos os direitos e podiam ser mandados para casa de maneira arbitrária, em meio à indiferença dos operários brancos. Mas o que a fez intervir publicamente sobre a questão foi a repressão praticada pela Frente Popular contra a Étoile Nord-Africaine, uma associação de operários argelinos, inicialmente comunista, que exigia, desde 1927, a abolição do "código do indigenato, um conjunto de regras ao lado dos quais os regimes totalitários pareciam, por comparação, quase liberais", e a independência da Argélia. A Étoile tinha apoiado as reivindicações dos operários em greve e feito seus membros participarem da ocupação das fábricas em 1936. Em 1937, a Frente Popular dissolveu a aliança anterior e mandou prender os dirigentes da associação pela "reconstituição da liga dissoluta", apesar de a Étoile não ter, como salienta Simone Weil, o caráter paramilitar das ligas que justificaria a repressão: "Foi, na verdade, uma proibição pura e simples de se organizar, sob pena de prisão, que foi aplicada contra eles sem nenhuma explicação."

Simone Weil constatou, então, a clemência em relação à extrema-direita[3] por parte de uma "esquerda" que ela prefere pôr entre aspas, que ela opõe à repressão impiedosa que essa "esquerda" faz contra o movimento anticolonial, para o qual medidas supostamente antifascistas eram aceitas. A acusação dessa "esquerda" é concluída com um histórico (já existente) das práticas coloniais dos partidos de esquerda e, especialmente, do partido socialista. "Eu não terminarei dizendo que é escandaloso ver tal política sendo liderada por um governo da Frente Popular. Não. Por que fingir acreditar em uma ficção que sabemos ser apenas isso?"

O que era insuportável para Simone Weil, eram pessoas "de esquerda" que não estivessem "mais preocupadas

---

3. "É verdade que, se pensarmos bem, há algo parecido com uma ação judicial contra as ligas fascistas, mas ela se parece mais com uma inação judicial."

com a escravidão colonial do que com o tratamento dos funcionários públicos"; era que as pessoas que haviam participado das greves, ocupado as fábricas e justificado o uso da força contra a opressão – logo, que entendiam que não eram os "agitadores" e os "baderneiros" que era preciso acusar de provocar confusões, mas os que oprimiam –, quando era "o norte da África que estava em pauta", "nem esses mesmos homens entendiam mais". Era essa seleção feita entre os oprimidos, entre os mortos (a indiferença em relação à morte de trabalhadores exauridos nas minas das colônias, por exemplo),[4] que esvaziava de sentido um movimento incapaz de encarar as próprias práticas de dominação e segregação e cuja ambição emancipatória era apenas uma mentira orgulhosa, cega e cínica, senão o motivo de uma pretensão à hegemonia cheia de bons propósitos: "Quando ouvimos a maior parte dos nossos camaradas, parece mesmo que a Frente Popular tem um direito absoluto, um direito divino ao apoio, à fidelidade dos oprimidos, inclusive daqueles que têm os pés esfolados por ela."

A Frente Popular retomava, assim, as contradições da colonização francesa que, ao contrário da colonização inglesa – que não demonstrava ter outro objetivo a não ser o comercial –, pretendia civilizar, levar a outros povos os princípios de 1789, sempre pisoteando-os através de seus modos de fazer (de duas uma, escreveu Simone Weil: ao serem preconizados pelos conquistadores

---

4. "[...] mortes iguais não contam. Não são mortes de verdade."

inimigos, esses princípios pareciam estranhos e eram rejeitados, ou eles pareciam desejáveis, mas a revolta era ainda maior pelo fato de as pessoas que os afirmavam lhes privarem deles). Trata-se de uma contradição entre "um país que afirma ser o ideal de liberdade e humanidade" e a indiferença ou o apoio às "injustiças assustadoras impostas às colônias".

A posição de Simone Weil é clara e não há recurso para uma de suas conclusões: "Quando penso em uma possível guerra, confesso que uma ideia um tanto reconfortante se mistura ao medo e ao horror que tal perspectiva me causa: a de que uma guerra europeia poderia servir de sinal para uma grande revanche dos povos coloniais que venha a punir nossa negligência, nossa indiferença e nossa crueldade."

Isso deveria bastar para indicar a que ponto Simone Weil não tinha nada que estar na bibliografia fornecida pelo Ministério da Identidade Nacional, em 2009, para orientar o sinistro debate de mesmo nome. Deve ter escapado aos promotores do debate a que ponto *O enraizamento* foi um dos primeiros livros em que a colonização em geral e o imperialismo francês, em particular, foram denunciados de maneira mais violenta, assim como o orgulho nacional, o espírito de conquista e o confinamento em uma cultura.

"É PRECISO IMPEDIR O DESENRAIZAMENTO" — O PARADIGMA COLONIAL

> *É preciso impedir o desenraizamento terrível que ainda é produzido pelos métodos coloniais dos europeus.*
> O enraizamento

Nos últimos dois textos, Simone Weil abandonou o registro de única acusação e adquiriu um registro mais tático e, com isso, *aparentemente*, mais "reformista", em um momento em que a guerra exigia novas confrontações com as contradições inevitáveis da política. Ela é mais moderada de um ponto de vista político, mas, sem dúvida, mais revolucionária de um ponto de vista existencial e civilizacional.

No fim de 1938, em "As novas questões do problema colonial no Império Francês", ela não se dirigia mais ao espírito de justiça das pessoas, mas ao interesse daqueles que queriam que a França pudesse ter forças para resistir à Alemanha. Ela dominava Tucídides[5] e sabia que as considerações de direito não tinham peso para os dominantes a menos que a elas se somassem considerações de força, que "a opinião de um país, sem nenhuma distinção

---

5. Ver Simone Weil, "Luttons-nous pour la justice?" (1943), in *Oeuvres complètes*, t. v, vol. 2: *Écrits de Londres et de New York*, Robert Chenavier, Patrice Rolland et Marie-Noëlle Chenavier-Jullien (dir.), Paris: Gallimard, 2013.

de classe social, é muito mais sensível ao que ameaça sua segurança do que ao que ofende a justiça". Conceder o *status* de cidadão aos nativos das colônias seria bom de um ponto de vista humano, que era o dela, afirmava Simone, e ela via nisso um marco "em direção a uma emancipação completa", mas ela se dirigia àqueles que estavam dispostos a ouvir os que tinham o poder e mostrava como tal medida era "do interesse da França", necessária para obter aliados para a guerra.

No entanto, ela tinha consciência de que "talvez seja [fosse] um pouco tarde". A França tinha se mostrado injusta demais, desdenhosa demais em relação às colônias. Mas ela tentou. Procurou as formas de conciliação que poderiam, ou que teriam podido, existir. Palavras nos atingem. "Assimilação", por exemplo. Mas basta ver o que Simone Weil escreveu sobre a circulação das culturas, do que traz, para a intensidade da vida moral, a coexistência das "formas de vida", para entender que ela não falava de conversão a modos de vida hegemônicos. A homogeneização era sempre resultado de um imperialismo desenraizante.

A colonização não é uma coexistência. É o contrário de um encontro entre culturas. É uma separação: "A colonização, longe de ser uma ocasião de contato com civilizações orientais, impede esses contatos. [...] O ambiente humano é constituído pelos brancos. Os nativos fazem parte do cenário." Era uma guerra: "Se a população da colônia tem a sensação de que o vencedor pretende prolongar indefinidamente a relação de conquistador e conquistado, é estabelecida uma paz que difere da guerra apenas pelo fato de um dos lados não ter acesso a armas. É para essa situação que toda colonização tende, automaticamente, por um tipo de inércia." Era a pior das conquistas: se "há desenraizamento [...] sempre que ocorre uma conquista militar",[6] Simone Weil hierarquiza: havia conquistas que resultavam em uma mestiçagem, outras em que os conquistadores continuavam sendo estrangeiros no território em que se comportavam como proprietários, algumas que eram acompanhadas de deportações massivas (e ela mencionava a Alemanha) e, por fim, as que liquidavam brutalmente com todas as tradições locais (e ela mencionava o que a França tinha feito na Oceania). Durante as conquistas coloniais, escreveu ela, as populações conquistadas eram tratadas como inimigas, como escravas, como coisas que não existiam, eram deportadas e exterminadas de maneira maciça e sua submissão não as protegia da humilhação, da tortura nem do extermínio. Elas não perdiam apenas a autonomia e o domínio sobre um território, eram submetidas a "uma decomposição moral que não apenas destruía antecipadamente qualquer esperança de resistência efetiva, mas rompia brutal e definitivamente a continuidade da vida espiritual, substituindo-a por uma imitação ruim de vencedores medíocres".[7]

---

6. Simone Weil, *L'Enracinement* (1949), Paris: Gallimard, col. Folio, 1990, p. 62-63.
7. Simone Weil, "Réflexions sur la barbarie" (1939), in *Oeuvres complètes*, t. II, vol. 3: *Écrits historiques et politiques*, Florence de Lussy, André Devaux et Robert Chenavier (dir.), Paris: Gallimard, 1989, p. 224.

Mas toda nação é produto de uma conquista. Ela existe quando passa a substituir múltiplas coletividades geográficas, já destruídas. É a partir disso que é preciso entender o ceticismo de Weil em relação à aspiração à independência nacional das colônias. É também preciso entender essa dúvida a partir da crítica que ela fez a uma resistência da França à Alemanha, que seria motivada apenas pelo nacionalismo. "Existem apenas nações demais no mundo." E toda nação é colonial. Em relação à colonização, a independência nacional seria um bem, mas a lógica nacional podia voltar a tomar o poder e produzir uma submissão total ao Estado.

Simone Weil pesquisou, então, o que poderia tornar a França capaz de resistir à Alemanha e o que podia dar sentido a essa resistência. O problema era "a inspiração do povo francês na França, em sua resistência atual e em sua construção futura", problema inseparável da questão da colonização, salientou ela.

Em 1943, Simone Weil interpretava o movimento de expansão alemão como uma iniciativa colonial: "O mal que a Alemanha teria feito à Europa se a Inglaterra não tivesse impedido a vitória alemã é o mal que a colonização causou, o desenraizamento." A partir disso, vencer a Alemanha e continuar propagando o desenraizamento (como faria o imperialismo americano e como vinha fazendo, havia séculos, a França, pensava ela) não fazia sentido. Se os franceses lutavam contra a Alemanha nazista motivados por considerações de prestígio nacional, então a luta surgia apenas da concorrência entre aspirações análogas à dominação colonial.

Para Simone Weil, o inimigo não era uma nação estrangeira, não era um tirano: era um espírito, eram métodos, que era preciso combater tanto em si quanto naquele que era combatido.

Do mesmo modo que "um mesmo espírito se exprime nas relações de um povo com aqueles que o dominaram pela força, nas relações de um povo com ele mesmo e nas relações daqueles que dependem dele", a luta só pode fazer sentido se for motivada por "um horror não pela pessoa nem pela nacionalidade, mas pelo espírito, pelos métodos, pelas ambições do inimigo" – se ele for verdadeiramente descolonizador.

Para inspirar um espírito de resistência que não tirasse sua energia do que pretendia combater – o nacionalismo, o espírito de dominação –, Simone Weil acreditava ser necessário começar um processo de descolonização: "Assim poderíamos convencer não só os outros, mas a nós mesmos de que fomos realmente inspirados por um ideal."

Era então o paradigma colonial que permitia pensar que o desafio da guerra não era estritamente militar, mas espiritual, e permitia conceber uma maneira apropriada de resistir ao nazismo, a partir de um espírito que seria mesmo de resistência a qualquer dominação, e não de concorrência pela dominação.

"É preciso impedir o desenraizamento", sob todas as formas, de onde quer que ele venha. Isso supunha reformas internas. Por um lado, uma transformação da relação de cada um consigo mesmo e com o mundo: "Caso a liberdade tenha que perecer lentamente nas almas antes mesmo de ser politicamente enfraquecida, a defesa nacional perderá qualquer objetivo real, pois não é a defesa de uma palavra nem de uma mancha em um mapa que pode valer sacrifícios, mas certo espírito ligado a um ambiente humano determinado."

Por outro lado, era necessária uma transformação das estruturas sociais e das instituições francesas. Weil pensava, sobretudo, no sistema social de produção,[8] nas instituições, na relação com o dinheiro e nas estruturas nacionais.

Dar um sentido à defesa da França contra a Alemanha implicava também em achar algo de importante que a França tornava possível. Para Simone Weil, era o acesso ao espírito grego, ao espírito cátaro, ao espírito de 1789. O que a autorizava a apoiar, mesmo contra os fatos que: "Não podemos dizer que a colonização faça parte da tradição francesa." Era um argumento *ad hominem* para os que queriam lutar pela França. Pensando de maneira mais profunda, era a circunscrição, em tudo que significava a "França", do que ainda podia ser preservado contra o desenraizamento.

---

8. "Nos últimos anos, sentimos que, na verdade, os operários de uma fábrica são de certa forma desenraizados, exilados nas terras de seu país". (Simone Weil, "Expérience de la vie d'usine", in *La condition ouvrière* [1951], Paris, Gallimard, col. Folio, 2002).

Para entender como Weil podia conciliar seu antinacionalismo, sua crítica a todos os males cometidos pelo Estado francês com sua busca pelo que ainda podia ser salvo da França, é preciso entender a ameaça que a invasão nazista representava: "Ao privar os povos de suas tradições, de seu passado e, assim, de sua alma, a colonização os reduz ao estado de matéria humana." Os países conquistados eram privados de seu passado e "a perda do passado é a queda na servidão colonial".

Simone Weil, que sempre criticou, em uma tradição anarquista, as coletividades como fontes de opressão e guerras, reconheceu que elas também eram condições para a transmissão de ideias. Ela mencionava com frequência a catástrofe espiritual que foi a destruição da Occitânia no século XIII, prova de que a força podia destruir as ideias. No entanto, algo daquele passado havia sido transmitido. Era essa possibilidade de transmissão que estava ameaçada e que era preciso salvar. "O espírito da civilização da Occitânia do século XII, como podemos entendê-lo, atende às aspirações que não desapareceram e que não devemos deixar desaparecer."[9]

Era por isso que Simone Weil afirmava que o enraizamento era "talvez a principal necessidade da alma

---

9. Simone Weil, "L'agonie d'une civilisation vue à travers un poème épique" (1943), in *L'Iliade ou le poème de la force, et autres essais sur la guerre*, Paris: Rivages, col. Petite Bibliothèque, 2014, p. 138.

humana e a coisa mais ignorada por nós".[10] Não havia nenhuma naturalização de uma relação com a terra nesse sentido. Weil falava da necessidade de participar real e ativamente da existência de coletividades que mantivessem vivas as tradições antigas e se abrissem para o futuro porque o homem receberia "a quase totalidade de sua vida moral, intelectual, espiritual através dos ambientes dos quais ele faz naturalmente parte".[11] O fato acidental do pertencimento geográfico e social condiciona o acesso às ideias. Por isso, quando essas condições são ameaçadas, torna-se necessário defender um país opressor e injusto no resto do tempo. A contradição de Simone Weil é a mesma da condição humana: um enraizamento em uma coletividade contingente e imperfeita é a condição para uma vida moral, intelectual e espiritual.

É preciso acrescentar que o enraizamento supunha, aos olhos de Weil, raízes e circulações múltiplas entre os ambientes (nada a ver com um confinamento em um meio fechado e autárquico). Era por isso que ela se apegava à coexistência das diferenças e sonhava com a mistura e a mestiçagem, ao que diversas "formas de vida" podiam trazer umas para as outras, para que todas continuassem vivas. O modelo occitano, tolerante, ainda a orientava: "A Occitânia, no século XII, tinha se afastado de qualquer briga de ideias. As ideias não entravam em choque, elas circulavam em um meio, de certa forma,

---

10. Simone Weil, *L'Enracinement*, op. cit., p. 61.
11. Idem.

contínuo. Tal é o clima que convém à inteligência. As ideias não são feitas para lutar."[12]

Claro, o imperialismo, a colonização e a conversão são o contrário da circulação de ideias que Simone Weil desejava. "O modo de propagação de influências" contava: a conquista e a conversão destruíam o que os ideais e os modos de existir podiam ter de bom. "A distância exagerada entre a teoria e a prática" arruinava a mensagem. Como ela escrevia desde que pensava a revolução e a guerra: na política, apenas os meios são reais e têm efeitos no mundo e costumam nos fazer esquecer os fins. É assim que o temporal destrói o espiritual.

(E quanto ao que a França pôde levar às colônias? Por exemplo, em 1906, "dezenas de instrutores para a polícia nativa".)

A RECUSA ÀS CONTRADIÇÕES DO PODER

Uma leitura rápida do fim de "Sobre a questão colonial" pode nos deixar perdidos. Simone Weil demonstra esperança de que a França volte a ser uma grande nação. De que ela recupere uma "projeção espiritual", uma "aptidão [...] para abrir caminhos para o ser humano", para "pensar o destino do mundo".

Mesmo assim, ela toma algumas precauções. Ela não

---

12. Simone Weil, "L'agonie d'une civilisation vue à travers un poème épique", op. cit., p. 122-123.

assume, não torna isso "um direito divino". Pensar o destino do mundo não era "decidi-lo porque ela não tem autoridade nenhuma para isso".

Mas a ideia parece batida demais.

Podemos dizer que Simone Weil indicou, mais uma vez, as contradições existentes.

O poder é o lugar das relações de força, um meio em que as ideias não se encaixam, mas apenas a força pode se opor às forças que destroem as ideias, correndo o risco de perdê-la no caminho.

Os cátaros se deixaram massacrar. A espiritualidade deles foi destruída. Então é necessário entrar em relações de força se quisermos salvar formas de vida desejáveis. Correndo o risco de se perder nisso.

Essa contradição não tem solução. Simone Weil aceitava isso.

Caso o espírito seja ameaçado, "até nova ordem, os princípios não existem mais".[13]

Mas não era apenas isso. Ela tentou conciliar as contradições. Os meios se opunham aos fins? Ela foi buscar meios em que os fins já estivessem encarnados. Formas de luta que já encarnassem, transmitissem, se referissem ao espírito pelo qual e através do qual todos lutassem.

A fé é mais realista que a política realista. É preciso então examinar e pesar de muito perto, sempre analisando

---

13. Simone Weil, "Réflexions en vue d'un bilan", (primavera-verão 1939), *Oeuvres complètes*, t. II, vol. 3, op. cit., p. 113.

a questão, todos os modos de agir que constituem a resistência ilegal na França. [...] Não podemos ignorar que pode haver espaço para inventar novas formas de agir, levando em conta tanto essas considerações quanto objetivos imediatos (por exemplo, podemos estabelecer imediatamente uma vasta conspiração pela destruição de documentos oficiais *relativos ao controle dos indivíduos pelo Estado, destruição que pode ser realizada por procedimentos muito diversos, incêndios etc. Isso teria vantagens imediatas e futuras imensas).*[14]

Descolonizar para encontrar novos aliados, enquanto provamos (para nós mesmos) que ninguém está mobilizado por um desejo de dominação: também era um jeito de encarnar o fim nos meios.

Mas as contradições se mantêm.

Como abrir espaço para formas de vida sem vocação para a hegemonia quando uma potência imperialista trabalha para eliminá-las?

O problema surgia tanto em escala francesa quanto internacional. Simone Weil procurava um "método para levar inspiração a um povo",[15] algo que ela se esforçava por distinguir da coerção exercida pela propaganda política. Era preciso influenciar as almas sem coagi-las, deixando as ideias circularem. Contradição? Ou talvez: substituir a conversão pela atração.

---

14. Simone Weil, *L'Enracinement,* op. cit., p. 269-270, grifo dela.
15. Ibid., p. 237.

A mesma coisa em escala internacional. Simone Weil esperava que a França exercesse uma influência, mas achava que isso só podia ser feito ao propagar a recusa à dominação, à força, ao poder e à colonização. Mas a "projeção espiritual" não teria nada a ver com a propagação ideológica da fé laica, do cristianismo, do espírito de 1789, que ela criticava duramente. Eles não podiam "ensinar o universo a viver". Influenciar ao pensar o destino do mundo devia significar aceitar não ser o centro dele ao pensá-lo, aceitar o próprio apagamento em uma outra forma de coexistência. Seria exercer uma influência sem autoridade porque o espírito difundido seria libertador, trabalhar para uma justiça maior, sem ambição.

Se o objetivo era aliar as contradições, a influência e a preocupação com a coexistência, então, realmente, "a primeira condição é se impedir de cristalizar antecipadamente qualquer coisa em qualquer área". Abrir um caminho, fazer circular as aspirações, deixar os outros fazerem e serem. Proceder não pela conversão, mas pela atração.

Quando Weil fala da influência que ela gostaria que a França exercesse, para entendê-la, é preciso, sem dúvida, voltar à maneira aberta com a qual a Occitânia permitiu que o espírito cátaro se encarnasse e se difundisse.

Até o extermínio.

Talvez Simone Weil apareça aqui em plena confusão entre um registro político e um registro existencial e místico. Mas só o último permite entender o que acontece realmente na política, o que a guerra, a dominação e colonização fazem. É por isso que, sem dúvidas, "a fé é mais realista que a política realista".

VALÉRIE GÉRARD é professora de filosofia e doutora em filosofia pela Escola Normal Superior de Paris (ENS-Ulm). Lecionou nas universidades de Lille 3, Strasbourg 2, Paris 1 e também na ENS-Ulm, onde conduziu pesquisa sobre a filosofia moral e política. É autora de inúmeros artigos publicados na França sobre Simone Weil, Hannah Arendt, entre outras pensadoras, e também de livros como *L'Expérience morale hors de soi* (2011). No Brasil, publicou *Obedecer? Rebelar-se?* (2014).

PARTE I

"ESSES MEMBROS PALPITANTES DA PÁTRIA"[1]

Há algumas semanas, foi publicado em nossa grande imprensa um artigo que finalmente criticava Jaurès,[2] querendo destruir de uma vez por todas os possíveis argumentos a favor das reivindicações alemãs e chamando as colônias de "membros palpitantes da pátria". Não podemos recusar a alegria singular desta expressão, seu grande valor atual. Palpitantes, sim. Sob a fome, os golpes, as ameaças, as penas de prisão ou de deportação; diante do aspecto terrível das metralhadoras ou dos bombardeiros. Uma população domada, desarmada, seria ao menos palpitante.

Se as colônias são palpitantes, a pátria-mãe não vibra nem um pouco com elas. A tragédia do norte da África continua em meio a uma indiferença quase completa. *Le*

---

1. *Vigilance*, n. 63, 10 de março de 1938.
2. N. do E.: Jean Jaurès (1859-1914). Político francês de orientação socialista. No que se refere à política colonial francesa teve, de início, posicionamento favorável, passando, ao longo do tempo, à crítico radical.

Populaire ao menos havia publicado uma série emocionante de artigos de Magdeleine Paz[3] sobre o Marrocos. Já os outros jornais ainda não perceberam que há uma crise norte-africana ou viram nela apenas uma crise da autoridade francesa.

Na verdade, parece que os franceses ficaram muito mais abalados pelos acontecimentos na China[4] do que pelos do norte da África. Sem dúvida, na China, mata-se muito mais gente, matam-se até crianças – mas, se pararmos para pensar nisso, como será que vivem os filhos dos que foram mortos recentemente pelas balas francesas no Marrocos? Enfim, sobre o que está acontecendo na China, não podemos fazer muita coisa e não temos certeza de que uma ação nesse sentido não incendiaria a Europa e o mundo. Já no norte da África, poderíamos ser um pouco humanos, poderíamos preservar a vida das crianças – porque as crianças não morrem apenas com bombas lançadas de aviões, a fome também as mata – sem correr riscos tão assustadores. Bastaria querer.

Ao ver hoje tantos bons burgueses, de um imperialismo inocente, se emocionarem com a China e execrar os

---

3. N. do E.: Magdeleine Paz (1889-1973) foi jornalista, tradutora, escritora francesa. De orientação comunista, foi uma importante voz da esquerda no período entre guerras na França.
4. N. do E.: Simone Weil faz referência ao massacre de Nanquim, quando, entre dezembro de 1937 e fevereiro de 1938, as tropas japonesas operaram ataques e estupros em massa na então capital chinesa, que resultou na morte de mais de duzentas mil pessoas. Trata-se de um dos mais brutais e traumáticos episódios da Segunda Guerra Sino-Japonesa (1937-1945).

japoneses, é de se perguntar, apesar de tudo, se as simpatias que a China gera na França não são da mesma ordem das sentidas pelos ricos com relação aos "bons pobres", pobres que "sabem se manter em seu lugar". A China, até aqui, soube ficar em seu lugar, em seu lugar de povo inferior, humildemente respeitoso em relação aos brancos. Os japoneses são amarelos intoleravelmente presunçosos: querem civilizar massacrando – querem fazer como os brancos! Quanto aos norte-africanos, alguns deles – simples "baderneiros", felizmente – talvez sejam ainda piores: eles não querem ser massacrados, nem oprimidos e humilhados. Uma pretensão ainda mais exorbitante já que, no dia em que a França, representada por seu governo ou um embaixador, tiver sofrido uma humilhação, vamos autorizá-los a matar e a morrer para vingar essa humilhação. De que mais eles precisam, além de dignidade?

*

Entre todos os acontecimentos que vimos recentemente no norte da África, talvez o mais característico, por mais que tenha havido outros mais trágicos, tenha sido a história da Étoile Nord-Africaine.

A Étoile Nord-Africaine[5], muito tempo atrás, havia sido abençoada pelo Partido Comunista com toda a

---

5. N. do E.: Organização nacionalista argelina fundada em Paris, em 1926, por um núcleo de trabalhadores imigrantes, defendendo a independência do norte da África.

pompa e circunstância. Depois de certo tempo, ela soube adquirir uma independência da organização adulta. Foi isso que permitiu a ela, nos últimos anos, não se voltar contra as reivindicações vitais dos povos colonizados. Ela é composta apenas por norte-africanos, ou mais especificamente argelinos, e exclusivamente por trabalhadores, no sentido mais restrito do termo: não tem entre seus membros nenhum branco e nenhum intelectual. Sua influência, apesar de não ser insignificante na Argélia, é exercida sobretudo na França, onde ela soube agrupar a grande maioria dos trabalhadores argelinos.

A maior parte dos franceses ignora em que condições vivem ou viveram, sobretudo antes de junho de 1936, os operários argelinos que trabalhavam no país. Privados da maior parte dos direitos que seus colegas franceses têm, sempre submetidos a uma possível deportação brutal de volta a seu país de origem, do qual foram afugentados pela fome; condenados às tarefas mais sujas e exaustivas, pagos de maneira miserável, tratados com desprezo mesmo pelos companheiros de trabalho que têm cor de pele diferente, é difícil imaginar uma humilhação mais completa. A Étoile Nord-Africaine soube dar a esses homens dignidade, um objetivo, uma organização própria, um ideal próprio; e esse ideal não os ligava apenas a todo o mundo muçulmano, ele os ligava de uma maneira muito mais próxima ao conjunto de seus irmãos de classe, inclusive àqueles que não reconheciam essa fraternidade ao tratá-los como inferiores. Foi graças à Étoile Nord-Africaine que os patrões não viram neles uma massa de jovens de manobra à sua mercê. E foi graças a ela, sobretudo, que eles participaram da ocupação das fábricas em junho de 1936, garantindo assim a vitória, em vez do desastre, em certo número de fábricas importantes nas quais constituíam grande parte do pessoal. Por causa disso, a Étoile Nord-Africaine inclusive desfilou em batalhões no cortejo do 14 de julho de 1936, gerando o que talvez tenha sido o espetáculo mais comovente daquele dia tão rico em emoções. Hoje, os três ou quatro homens cujo trabalho, a coragem, a inteligência tornaram essa história importante possível, estão presos em uma cadeia francesa e lá ficarão por dois anos.

Claro que a Étoile Nord-Africaine fazia parte do que chamamos de nacionalismo norte-africano. Seu sonho distante era a constituição progressiva de um Estado do norte da África, cuja relação com a França podia ser, por exemplo, como a de um território inglês com a Inglaterra. Suas reivindicações imediatas eram a extensão das liberdades democráticas aos nativos, a supressão do código do indigenato, um conjunto de regras ao lado dos quais os regimes totalitários parecem, por comparação, quase liberais, e, na França, a igualdade dos trabalhadores argelinos e franceses. Como todas as organizações que agrupam oprimidos – por exemplo, as organizações do proletariado francês – ela hesitava entre uma oposição radical e violenta e outra reformista, tendendo para uma ou para outra de acordo com o que surgia ou não em termos de possibilidade de reforma. A Frente Popular deu a ela esperança de possíveis avanços importantes e pacíficos, e ela aderiu ao movimento com entusiasmo. Quando Viénot concluiu o tratado franco-sírio, sua grande reivindicação foi a elaboração progressiva de um estatuto análogo para o norte da África. Alguns afirmarão que essas disposições pacíficas eram armadilhas, que a Étoile Nord-Africaine sonhava apenas com violências? Ainda seria preciso provar isso. O que é incontestável é que a Étoile não mudou de política entre o momento em que foi recebida pela Frente Popular e fez parte do desfile de 14 de julho e o momento em que, de repente, de forma brutal, o governo Blum[6] a dissolveu.

*

Nunca soubemos os motivos para essa dissolução. Nós nos contentamos em, com um ar misterioso, insinuar: "Ah! Se vocês soubessem o que nós sabemos!" Nós conhecemos esses ares. Muito inocentes são aqueles que ficariam impressionados com eles. Porém o mais interessante foi o que aconteceu depois. Algumas organizações que haviam aderido à Frente Popular propuseram que ela excluísse a Étoile por causa do decreto de dissolução que havia contra ela. Note-se que ainda se considerava que, apesar de dissoluta, ela era membro da Frente Popular, já que a proposta era excluí-la. O representante da Confederação Geral do Trabalho e do Comitê de Vigilância dos

---

6. N. do E.: Léon Blum (1872-1950), de orientação socialista, foi primeiro ministro da França em 1938. Depois presidente entre 1946 e 1947.

Intelectuais Antifascistas pediram e conseguiram que ela não fosse excluída sem que seu chefe, Messali, fosse ouvido. Messali então montou um dossiê e comunicou isso a alguns membros do comitê de reunião popular. No entanto, ele não foi convocado oficialmente para ser ouvido e a questão da exclusão não foi mais levantada. Com isso, a Étoile Nord-Africaine, apesar de dissoluta há meses, ainda é membro da Frente Popular!

Messali, por ter sob os olhos o exemplo das ligas fascistas, tinha todo direito de considerar a dissolução como um convite para reconstituir uma organização parecida, mas com outro nome. É verdade que, se pensarmos bem, há algo parecido com uma ação judicial contra as ligas fascistas, mas ela se parece mais com uma inação judicial. Além disso, essa ação, se é que ela existe, depende de uma definição das ligas caracterizadas como organizações paramilitares. Esse nunca foi o caráter da Étoile e, pelo que sei, ela nunca nem foi acusada disso. Se tivesse sido, será que ela teria sido admitida na Frente Popular? Entretanto, foi por ter reconstituído essa organização, que não é uma liga, que ainda é membro da Frente Popular, que, sob um governo oriundo do mesmo partido, Messali e três de seus colegas foram condenados a dois anos de prisão. Por esse único delito; pois eles foram absolvidos da acusação de iniciativas antifrancesas pelo tribunal, que manteve apenas a acusação de reconstituição de liga dissoluta.

Será que podemos nos perguntar o que devem fazer os homens, os militantes que pertenciam à Étoile Nord--Africaine? Se quiserem se reunir, eles sempre poderão acusá-los de ter reconstituído a associação. Foi, na verdade, uma proibição pura e simples de se organizar, sob pena de prisão, que foi aplicada a eles sem nenhuma explicação. Não são apenas os quatro militantes atingidos pela condenação que estão sendo submetidos duramente à espera, são muito mais os milhares de homens infelizes, oprimidos, que tinham apenas a organização e que foram privados dela. Realmente acreditamos que eles vão se resignar a esse estado das coisas e que não seguirão para o único lado em que aparentemente é permitido se organizar, ou seja, à direita? Disseram que havia argelinos entre os *cagoulards*.[7] Se não houvesse milhares, milhares e milhares de argelinos, isso não seria culpa do nosso governo? E se, um dia, como na Espanha, o norte da África enviar para nós ondas de nativos armados sob a liderança de generais provocadores, a "justiça iminente" não ficaria sem dúvida satisfeita no instante em que esses grandes personagens perecessem nas mãos de um árabe?

Impingimos, claro, à Étoile Nord-Africaine os mesmos incentivos à colusão com o fascismo espanhol ou italiano que impingimos quando queríamos excluí-los da Frente Popular, mas, até agora, Messali a refutou completamente. O que era mentira na época então se tornou verdade depois? Como tomamos o cuidado de pôr Messali e seus colegas na prisão, é difícil para eles provar o contrário; aliás quem sabe o que pode se tornar uma

---

7. N. do T.: Membros do La Cagoule, grupo terrorista francês de tendência fascista e anticomunista em atividade entre 1935 e 1941.

organização composta de homens infelizes, em geral ignorantes, quando é privada brutalmente dos líderes a quem ela deu sua confiança?

*

De resto, se essas colusões com o fascismo – como acredito – não existirem, elas existirão indubitavelmente se a mesma política continuar. Aqueles que preconizam essa política triunfarão por terem visto as coisas de maneira tão clara. Eles não entenderão que os verdadeiros autores dessas colusões são eles e estou falando tanto dos membros dos governos responsáveis por essa política quanto pelos que os aconselharam.

São eles os culpados pelos agitadores antifranceses no norte da África, por terem conseguido tornar a França odiosa na região. Eles que, a partir de março de 1937, acharam quase natural que a polícia atirasse contra os grevistas, contanto que esses grevistas fossem simplesmente mineradores tunisianos, obrigados a trabalhar doze horas por dia a um ritmo extenuante, por salários ridículos. Blum, que chorou depois de Clichy, não julgou os dezenove mortos árabes de Métlaoui[8] digno de suas lágrimas. Eles que deixaram o general Noguès terminar o mesmo ano de 1937, no Marrocos, com provocação,

---

8. A autora se refere aos dezenove trabalhadores de uma mina em Métlaoui, sul da Tunísia, que foram assassinados em março de 1937 em ação oficial de repressão à greve.

terror e assassinato. Eles que fizeram tão pouco para dar aos milhares de homens que são submetidos à fome e à escravatura no norte da África mais pão e liberdade, para conviver com a cultura, aumentar o orçamento, reformar o código do indigenato. Eles que recusam aos norte-africanos vindos para a França o benefício das alocações familiares para as crianças que ficaram no norte da África, obrigando-os a privações inumanas para enviar pequenas somas de dinheiro para casa. Eles que condenaram Messali[9] à privação de direitos cívicos, ao mesmo tempo em que as eleições regionais davam a ele uma vitória impressionante no primeiro turno. E esses são apenas alguns fatos citados de maneira aleatória.

São realmente engraçados aqueles que falam com horror, como de um crime, das possíveis colusões entre os nativos norte-africanos e o fascismo. Por que, depois de tentar todo o resto e sempre ver suas esperanças morrerem, eles também não se envolveriam com o fascismo antes de cair na mais completa desesperança? Sem dúvida, nós sabemos bem que, com o fascismo, os pobres coitados não ficarão em uma situação melhor. Mas, ao menos, eles poderão dizer que não correm o risco de cair em uma situação ainda pior. Quando ouvimos a maior

---

9. N. do E.: Messali Hadj (Argélia, 1898 – França, 1974) foi um político nacionalista argelino engajado na luta pela independência da Argélia. Foi fundador do Movimento Nacional Argelino e cofundador da ENA (Étoile Nord-Africaine), do Partido do Povo Argelino (PPA) e do Movimento para o triunfo da Liberdade Democrática.

parte dos nossos camaradas, parece mesmo que a Frente Popular tem o direito absoluto, o direito divino ao apoio, à fidelidade dos oprimidos, inclusive daqueles que têm os pés esfolados por ela. Ela não consegue isso "retirando grande parte da honra deles"? Não somos mais livres ao sermos presos por um governo de esquerda que se ficarmos livres sob um governo de direita?

Eu não terminarei dizendo que é escandaloso ver tal política sendo liderada por um governo da Frente Popular. Não. Por que fingir acreditar em uma ficção que sabemos ser apenas isso? Um governo como esse, herdeiro do Cartel, se alinha com o que, entre 1924 e 1925, causou a guerra no Marrocos. O que podemos então dizer do papel dos socialistas? Sem dúvida, o Partido Socialista, como partido, se emocionou nos últimos tempos com o drama norte-africano. Mas o que fizeram esses ministros no poder? Sabemos que Dormoy[10] passou a responsabilidade da Argélia para Raoul Aubaud, mas ele era apenas subsecretário de Estado. Quem vai acreditar que o ministro do Interior não tinha o poder de libertar Messali e seus colegas? O norte da África também, sem dúvida, não estava sob a autoridade de Marius Moutet,[11] mas o Gabão estava. Quem, então, é responsável pela deportação assassina do

---

10. N. do E.: René Marx Dormoy (1888-1941), político socialista francês de forte oposição à extrema-direita, ministro do interior nos anos de 1937 e 1938.
11. N. do E.: Marius Moutet (1876-1968), chamado ministro das Colonias do governo da Frente Popular, entre junho de 1936 e abril de 1938.

professor marroquino El Fassi[12] ao Gabão, em um clima fatal para um doente como ele?

Quando recapitulamos os acontecimentos desses últimos meses no norte da África e pensamos nas questões incendiárias da política exterior, só podemos rir amargamente. São essas colônias desafortunadas que poderiam gerar uma guerra europeia! Que bela vingança se, por causa desses homens de diferente cor de pele que abandonamos de maneira tão fria à própria miséria, todo francês estivesse condenado às tristezas não menos atrozes do PCDF![13] Nós os deixamos morrer e nós vamos morrer para poder continuar a deixá-los morrer! E é essa França que muitos gostariam de lançar em uma cruzada libertadora pela Espanha ou pela China. Sem dúvida, então, os indochineses, os norte-africanos seriam admitidos entre os primeiros a terem a honra de morrer pela liberdade dos povos.

---

12. N. do E.: Allal El Fassi (1910-1974), professor e importante liderança política nacionalista no Marrocos. Defendia a autonomia de seu país e acabou preso e enviado em exílio no Gabão.
13. N. do E.: PCDF: *pauvres couillons du front*, ou "pobres coitados do *front*", designa, por metonímia, o *front* e, aqui, especificamente, a guerra.

O SANGUE CORRE NA TUNÍSIA[1]

"Há sangue na manchete" dos jornais operários. O sangue corre na Tunísia. Quem sabe? Talvez consigamos nos lembrar que a França é um pequeno cantinho de um grande império e que, nesse império, milhões e milhões de trabalhadores sofrem.

Há oito meses, a Frente Popular está no poder, mas ainda não tivemos tempo de pensar nela. Quando os metalúrgicos de Billancourt estão com problemas, Léon Blum recebe uma delegação; ele se preocupa em ir à Exposição Mundial falar com o pessoal da construção; quando lhe parece que os funcionários públicos começaram a resmungar, ele faz um belo discurso pelo rádio especialmente para eles. Mas nós todos esquecemos os milhões de proletários das colônias.

Primeiro, eles estão longe. Todos sabemos que o sofrimento diminui com a distância. Um homem que sofre ao apanhar, exausto pela fome, tremendo diante de seus

---

1. *Feuilles libres*, março de 1937.

chefes, na Indochina representa um sofrimento e uma injustiça menores que um metalúrgico da região parisiense que não obtém seus 15% de aumento, ou um funcionário público vítima de decretos-lei. Deve haver uma lei da física que se relaciona ao inverso do quadrado da distância. A distância tem o mesmo efeito sobre a indignação e a simpatia que sobre a gravidade.

Aliás, essas pessoas – amarelos, negros, árabes – estão habituadas a sofrer. Isso é sabido. Desde que começaram a morrer de fome e foram submetidos a uma arbitrariedade total, isso não os afeta mais. A maior prova é que eles não reclamam. Não dizem nada. Calam-se. No fundo, tem uma personalidade servil. São feitos para a servidão. Sem isso, eles resistiriam.

Existem alguns que resistem, mas esses são "baderneiros", "agitadores", provavelmente pagos por Franco e Hitler. Só podemos usar com eles medidas de repressão, como a dissolução da Étoile Nord-Africaine.

Além disso, não há nada de espetacular no drama dessas pessoas. Ao menos até o último incidente. Fuzilamentos, massacres, é isso que fala com a imaginação; isso causa escândalo, faz barulho. Mas as lágrimas derramadas em silêncio, a desesperança muda, as revoltas reprimidas, a resignação, a exaustão, a morte lenta – quem pensaria em se preocupar com coisas assim? As crianças mortas por bombas em Madrid causam uma onda de indignação e pena. Mas, em todos os meninos de dez ou doze anos, famintos e exaustos, que morreram de exaustão nas minas indochinesas, nós nunca pensamos.

Eles foram mortos sem que seu sangue corresse. Mortes iguais não contam. Não são mortes de verdade.

No fundo, nós – e, quando digo "nós", estou falando de todos que participam de uma organização da Frente Popular – somos exatamente iguais aos burgueses. Um patrão capaz de condenar seus operários a mais atroz miséria e de se emocionar com um mendigo que encontra no caminho. E nós, que nos unimos em nome da luta contra a miséria e opressão, somos indiferentes ao destino inumano a que são submetidos, longe daqui, milhões de homens que dependem do governo do nosso país. Aos olhos dos burgueses, o sofrimento físico e moral dos operários não existe enquanto eles se calam, e os patrões os forçam a se calar. Nós também, franceses "de esquerda", continuamos a deixar que pese sobre os nativos das colônias a mesma coerção impiedosa e, como o medo os deixa mudos, temos a leve impressão de que as coisas não estão tão ruins lá, que não estão sofrendo tanto, que eles estão acostumados às privações e à servidão. A burguesia se interessa por um crime, um suicídio, um acidente em uma ferrovia, mas nunca pensa nas pessoas cuja vida é lentamente esmagada, triturada e destruída pelo jogo diário da máquina social. E nós também, ávidos por notícias sensacionalistas, não paramos para pensar nos milhões de seres humanos que só contavam conosco; que, do fundo de um poço de escravatura e infelicidade, voltavam seus olhos para nós e que, há oito meses, sem escândalo, sem barulho, vêm passando aos poucos da esperança ao desespero.

Hoje, o sangue foi derramado. A tragédia colonial acabou por tomar forma de notícia comum, acessível apenas à nossa sensibilidade e à nossa inteligência rudimentares. A partir de agora, não podemos mais nos vangloriar de que a famosa "experiência" foi realizada sem derramamento de sangue. O sangue a manchou. É fácil falar de responsabilidades, de sabotagem. Sem investigação, sabemos quem são os responsáveis. Se cada um de nós se olhar no espelho, veremos um dos responsáveis. O governo atual não governa em nome da Frente Popular? Seus membros não são mais questionados. Exauridos, sobrecarregados como estão, é obrigatório que a atividade deles dependa, em grande parte, das preocupações que impusermos a eles. Se, por exemplo, Léon Blum tivesse tido a impressão de que estamos mais preocupados com a escravatura colonial do que com o tratamento dado aos funcionários públicos, ele com certeza teria dedicado às colônias o tempo que passou preparando um belo discurso para os funcionários públicos.

Seja como for, temos que confessar que, até aqui, a obra colonial do governo se resume basicamente à dissolução da Étoile Nord-Africaine. Diremos que reformas coloniais não estavam previstas no programa da Frente Popular. A dissolução sem motivos da Étoile Nord-Africaine também não estava prevista. Aliás, os mortos na Tunísia também não. São mortes que estavam fora da programação. Quando penso em uma possível guerra, confesso que uma ideia um tanto reconfortante se mistura ao medo e ao horror que tal perspectiva me causa: a de que uma guerra europeia poderia servir de sinal para uma grande revanche dos povos coloniais que venha a punir nossa negligência, nossa indiferença e nossa crueldade.

QUEM É CULPADO PELAS INICIATIVAS ANTIFRANCESAS?[1]

Ao condenar Messali a dois anos de prisão, o tribunal o absolveu da acusação de iniciativa antifrancesa. Então o que podemos concluir, a não ser que não conseguimos encontrar ameaças antifrancesas do Parti du Peuple Africain? E, sem dúvida, se não conseguimos achar, é porque não havia.

É certo que o amor pela França não é muito forte, neste momento, nos corações das populações norte-africanas. Aparentemente, existem, nesse território, iniciativas antifrancesas. Mas quem está organizando essas iniciativas? Quem é culpado por fazer o jogo das ambições fascistas e desacreditar a França e o regime democrático?

Eu sou francesa. Nunca estive no norte da África. Ignoro todas as intrigas complicadas que podem organizar a Alemanha e a Itália e a população muçulmana. Mas acredito saber o suficiente para fazer uma acusação. Uma acusação que nenhum tribunal vai confirmar, claro.

1. Projeto de artigo, março de 1938.

Eu acuso o Estado francês e os sucessivos governos que o representaram até hoje, inclusive os dois governos da Frente Popular; acuso as administrações da Argélia, da Tunísia, do Marrocos, acuso o general Noguès, acuso uma grande parte dos colonos e funcionários públicos franceses das iniciativas antifrancesas no norte da África. Todos os que já trataram um árabe com desprezo; que levam o sangue árabe a ser derramado pela polícia; que dirigiram ou dirigem a expropriação progressiva dos agricultores indígenas; aqueles, colonos ou industriais, que tratam seus operários como animais de carga, aqueles, funcionários públicos, que exigem que paguemos a eles pelo mesmo trabalho um terço a mais do que é pago a seus colegas árabes; esses são os que semeiam em território africano o ódio à França.

Durante a ocupação das fábricas, em junho de 1936, a França se dividiu em dois lados. Uns acusaram os militantes operários, esses "baderneiros", esses "agitadores", de terem causado os problemas. Os outros – e esses outros foram especialmente os membros e apoiadores da Frente Popular – responderam: "Fomos nós, que pusemos no coração dos operários tanta revolta, tanto amargor, que os levamos a recorrer enfim à força; foram os próprios patrões por causa da coerção, do medo e da miséria que eles deixaram pesar durante anos sobre os funcionários das fábricas."

Nesse momento, em junho de 1936, os homens "de esquerda" entenderam como se colocava o problema na França. Hoje, a questão é o norte da África, e esses mesmos homens não entendem mais. É, portanto, o mesmo problema que se coloca, mas eles não notaram. Em todos os lugares, é sempre o mesmo problema que se coloca. Sempre, onde quer que haja oprimidos.

É preciso sempre saber, nos locais onde há opressão, que ela põe no coração dos oprimidos o amargor, o rancor, a revolta e o desespero. Será que são os oprimidos que primeiro ousam dizer que estão sofrendo e que sofrem injustamente? Ou será que são os próprios opressores pelo simples fato de oprimi-los?

Os homens que, uma vez reprimidos, ofendidos, humilhados e reduzidos à miséria, precisassem de "agitadores" para terem o coração cheio de amargor, nasceriam escravos. Para quem quer que tenha um pouco de orgulho, basta ter sido humilhado para ter revolta no coração. Nenhum "agitador" é necessário. Os que chamamos de "agitadores", ou seja, os militantes, não criam os sentimentos de revolta, eles simplesmente a exprimem. Quem cria os sentimentos de revolta são os homens que ousam humilhar seus semelhantes.

Será que existe, em algum lugar, uma raça de homens tão naturalmente servis que possa ser tratada com desprezo sem excitar nela, pelo menos, um protesto mudo, um rancor impotente? Esse com certeza não é o caso da raça árabe, tão orgulhosa quando não é destruída por uma força impiedosa. Mas esse não é o caso de nenhuma raça humana. Todos os homens, seja qual for sua origem, seu meio social, sua raça ou a cor de sua pele, são seres naturalmente orgulhosos. Onde quer que os homens sejam oprimidos, a revolta é gerada de maneira tão inevitável quanto a compressão de uma mola leva ao relaxamento dela.

Os homens que estão hoje no poder entendem um pouco essa verdade quando os oprimidos são operários franceses e os opressores, os patrões. Eles não a entendem mais quando os oprimidos são nativos das colônias e os opressores, entre outros, são eles mesmos, homens no poder. Por quê? Será que o fato de ter uma cor de pele um pouco mais escura torna a humilhação mais fácil de suportar? Se eles acham isso, desejo com todas as forças o dia em que os fatos os forçarão a reconhecer que se enganaram. O dia em que as populações oriundas das colônias francesas terão, enfim, o equivalente ao que foram, para os operários franceses, as jornadas de junho de 1936.

Eu nunca vou esquecer o momento em que, pela primeira vez, senti e entendi a tragédia da colonização. Foi durante a Exposição Colonial, pouco após a revolta de Yên Bái, na Indochina. Um dia, por acaso, eu havia comprado *Le Petit Parisien* e li nele, na primeira página, o início de uma bela investigação de Louis Roubaud[2] sobre as condições de vida dos anamitas: a miséria, a escravidão, a insolência nunca punida dos brancos. Às vezes, com o coração repleto desses artigos, eu ia à Exposição Colonial; eu encontrava nela uma multidão inocente, inconsciente, admirativa. No entanto, muitas pessoas tinham certamente lido, naquela mesma manhã, o artigo emocionante de Louis Roubaud.

---

2. N. do E.: Louis Roubaud (1884-1941), escritor e jornalista investigativo.

Já faz sete anos. Não tive dificuldade, pouco tempo depois, de me convencer de que a Indochina não tinha o privilégio de sofrer entre as colônias francesas. Desde esse dia, tenho vergonha do meu país.

Desde aquele dia, não consigo encontrar um indochinês, um argelino ou um marroquino, sem ter vontade de pedir perdão. Perdão por todas as dores e todas as humilhações que fizemos o povo deles sofrer. Porque o opressor deles é o Estado francês e ele o faz em nome de todos os franceses, logo também, em uma pequena parte, em meu nome. É por isso que, na presença daqueles que o Estado francês oprime, não posso deixar de ruborizar, não posso não sentir que tenho erros a consertar.

Mas, se tenho vergonha de meu país há sete anos, passei a perceber, há um ano e meio, um sentimento ainda mais doloroso. Tenho vergonha daqueles de quem sempre me senti mais próxima. Tenho vergonha dos democratas, socialistas e da classe operária francesa.

O fato de os operários franceses, mal informados, exaustos pelo trabalho nas fábricas, não se preocuparem com o que acontece em territórios distantes ainda é bastante desculpável. Mas faz anos que eles veem seus companheiros de trabalho norte-africanos sofrerem ao lado deles mais do que eles mesmos, serem submetidos a privações, a mais cansaço, a uma escravatura mais brutal. Eles sabem que esses infelizes são ainda privilegiados em relação aos outros infelizes que, trazidos pela fome, tentaram em vão vir para a França. O contato pode ter sido estabelecido entre trabalhadores franceses e árabes durante as longas jornadas de ocupação das fábricas. Os operários franceses constataram na época como a Étoile Nord-Africaine os apoiou; viram-na desfilar com eles no 14 de julho de 1936. No entanto, eles deixaram que ela fosse dissolvida sem protestar. Eles ficaram indiferentes à condenação de Messali. Viram, me parece, com indiferença seus camaradas infelizes serem privados das alocações familiares.

Quanto às organizações fascistas, elas se encarregam, através de sua atitude em relação às colônias, de gerar uma vergonha inesquecível. Será que existem muitos homens, entre os militantes ou simples membros da Seção Francesa da Internacional Operária e da Confederação Geral do Trabalho, que não se interessam mais pelo tratamento dado a um professor francês, pelo salário de um metalúrgico francês do que pela miséria atroz que provoca a morte lenta das populações do norte da África?

*

Essas afrontas desonram aqueles que as infligem mais do que aqueles que são submetidos a elas. Todas as vezes que um árabe ou um indochinês é insultado sem poder responder, apanha sem poder revidar, passa fome sem poder protestar ou é morto impunemente, é a França que é desonrada. E ela é, infelizmente, desonrada dessa maneira todos os dias.

Mas a afronta mais sangrenta é quando ela manda à força aqueles que ela priva de dignidade, de liberdade e de seu país morrerem pela dignidade, pela liberdade e pela pátria de seus senhores. Na Antiguidade, havia escravos, mas apenas os cidadãos combatiam. Hoje, achamos uma solução melhor: reduzimos, primeiro, populações inteiras à escravidão e depois as usamos como bucha de canhão.

No entanto, os oprimidos das colônias podem encontrar um consolo amargo na ideia de que os vencedores às vezes são submetidos a uma miséria igual à que é infligida a eles. Quando estudamos a história do pré-guerra, vemos que foi o conflito envolvendo o Marrocos que envenenou as relações franco-alemãs a ponto de transformar, em 1914, o atentado de Sarajevo em catástrofe mundial. A França venceu e submeteu os marroquinos, mas foi por causa dos marroquinos vencidos e submetidos que muitos franceses apodreceram durante quatro anos nas trincheiras. Essa foi a punição deles e foi merecida. Hoje, se um novo conflito começar, a questão colonial ainda será a origem dele. Mais uma vez, os franceses sofrerão, morrerão e, mais uma vez, eles terão merecido.

Quanto ao norte da África, prefiro acreditar que ele perde cada vez mais a vontade de ser reservatório de buchas de canhão. Não é necessário, para fazê-lo perder um pouco dessa vontade todos os dias, que Berlim, Roma ou Moscou exerçam sua influência. A França se encarrega disso.

Do mesmo modo, não é preciso que Roma nem Berlim ajam para que o norte da África se afaste a cada dia um pouco mais da causa antifascista. A Frente Popular, após chegar ao poder, está se encarregando disso ao continuar deixando as populações da região sofrerem mais dores e mais afrontas que os povos submetidos aos regimes fascistas.

O principal autor das iniciativas antifrancesas no norte da África é a França. Os principais autores das iniciativas fascistas no norte da África são, sem exceções, as organizações antifascistas.

O MARROCOS OU A PRESCRIÇÃO EM TERMOS DE ROUBO[1]

O início de 1937 nos trouxe um alerta importante. O território da pátria estava ameaçado. Toda a imprensa diária, sem nenhuma exceção, unânime como naqueles quatro anos tão lindos, que passaram rápido demais, em que o coração dos franceses batia em uníssono, se levantou orgulhosamente para defender este solo sagrado. As dissensões civis foram apagadas diante daquela iniciativa magnífica.

Sim, o território da pátria estava ameaçado. Aliás, que porção do território? A Alsácia-Lorena? É, precisamente. Ou talvez não fosse exatamente a Alsácia-Lorena, mas algo equivalente. Era o Marrocos. É, o Marrocos, essa província tão essencialmente francesa. Mal dá para acreditar, mas a Alemanha parecia manifestar a vontade de pôr as mãos sobre a população marroquina, arrancá-la das tradições herdadas de seus antepassados, os gauleses, de cabelos louros e olhos azuis. Pretensão absurda! O Marrocos sempre fez parte da França. Ou, senão sempre, pelo menos

1. *Vigilance*, n. 48-49, 10 de fevereiro de 1937.

desde um tempo quase imemorial. Isso, exatamente desde dezembro de 1911. Mantendo a imparcialidade, é claro que um território que pertencia à França desde 1911 era francês por direito até a eternidade.

Aliás, é isso que é mostrado de maneira ainda mais clara se pensarmos na história do Marrocos. Essa história deve fazer os mais indiferentes sentirem que o Marrocos é, para a França, de certa forma, uma segunda Lorena.

*

Até 1904, a independência do Marrocos nunca tinha sido questionada, ao menos nos textos diplomáticos. Havia se convencionado, através do Tratado de Madrid de 1880, que todas as potências tinham direito ao tratamento de nação mais favorecida durante o comércio.

Em 1904, a França e a Inglaterra sentiram a necessidade de acertar suas contas depois do fracasso da França em Fachoda. O país, até ali, havia defendido de maneira nobre, em nome dos direitos humanos, a independência do povo egípcio. Em 1904, a França autorizou a Inglaterra a pisotear essa independência. Em troca, a Inglaterra lhe deu o Marrocos.

Um tratado foi assinado, incluindo o domínio imediato do Egito pela Inglaterra e o compartilhamento eventual do Marrocos entre a França e a Espanha. Como a França ainda era leal, essa divisão foi inscrita apenas nas cláusulas secretas do tratado. Já as cláusulas públicas garantiam solenemente a independência do Marrocos.

A Alemanha foi informada de alguma coisa: em todo caso, esse tratado franco-inglês não era nada bom. Ela queria ter sua parte no Marrocos. Pretensão insustentável! A partir daquele momento, o Marrocos pertencia, por direito, à França. Ela não havia pago por ele? Havia pago com a liberdade dos egípcios.

Guilherme II fez um discurso retumbante em Tânger. A Alemanha pediu uma conferência internacional para resolver a questão marroquina. Delcassé, então ministro das relações exteriores, bateu o pé. Estávamos exatamente à beira de uma guerra quando Delcassé foi afastado. Podemos dizer que estava escrito. O sucessor de Delcassé cedeu.

O Tratado de Algeciras, de 1906, assinado por todas as potências europeias, não dava à França nenhum privilégio, a não ser o de fornecer ao sultão, por cinco anos, algumas dezenas de instrutores para a polícia local. Não poderia haver no Marrocos nenhuma força militar europeia e as diversas potências tinham que desfrutar de direitos econômicos iguais.

A partir disso, a questão que se impôs foi: como violar o Tratado de Algeciras? Na verdade, o documento era totalmente nulo, já que não entregava o Marrocos à França. Esse ponto deve estar claro para qualquer pessoa de inteligência média.

Apenas os inocentes poderiam relacionar a violação dos Tratados de Algeciras e de Versalhes. São dois casos sem nenhuma relação. O tratado de Algeciras desfavorecia a França, logo era caduco desde sua assinatura.

O Marrocos ou a prescrição em termos de roubo

O Tratado de Versalhes deveria ser eterno pelo motivo contrário.

Depois de 1906, foram tentados vários acordos com a Alemanha, já que ela também queria violar o Tratado de Algeciras, mas – avidez monstruosa! – contanto que lucrasse com isso. Os franceses chegaram a oferecer aos alemães um porto e terras no Marrocos. Tentaram dividir o poder econômico no Marrocos, mas como, ao mesmo tempo, a França estava tentando reservar todo o poder político para si, essa solução acabou sendo impraticável.

Por fim, em 1911, a França sentiu que era hora de agir. Ela pura e simplesmente mandou suas tropas para Fez, a capital do Marrocos, alegando que havia um início de revolta que punha em perigo a vida dos europeus no país e prometendo retirar os soldados assim que a segurança tivesse sido restabelecida. Nunca soubemos se realmente havia um risco. Seja como for, a ocupação militar de Fez, obtida sem uma consulta formal às potências signatárias do Tratado de Algeciras, enfim rasgava o documento ridículo.

Depois de se instalar em Fez, é claro que a França não se retirou mais. A questão do prestígio, muito mais importante – quando o assunto é a França – que o direito internacional, proibia isso.

Depois de alguns meses, a Alemanha, ao ver que as tropas francesas ainda estavam em Fez, mandou um navio de guerra para a costa marroquina, em Agadir. Ela insistia em querer sua parte.

Caillaux,[2] que tinha acabado de chegar ao poder, começou as negociações. Elas foram encerradas no fim de 1911. Nesse período, a guerra esteve a ponto de estourar algumas vezes. Por fim, um tratado franco-alemão reconheceu o protetorado francês no Marrocos a partir da cessão de uma pequena parte do Congo francês ao Camarões alemão.

O governo alemão tinha se deixado enrolar. A Alemanha sentiu isso. A explosão de agosto de 1914 foi, sem dúvida, em parte, uma consequência da expedição militar em Fez. Ao menos essa foi a opinião expressa por Jaurès em seu último discurso em Vaise, em 28 de julho de 1914.

O melhor foi que, depois da vitória que retomou o pedaço do Congo cedido em 1911, a França tomou Camarões e manteve o Marrocos.

*

Hoje, a Alemanha finge questionar as cláusulas coloniais do Tratado de Versalhes. Ela pode fazer isso de duas maneiras. Pode pedir Camarões de volta, como fez em 1914, ou pode considerar o tratado de 1911 anulado por Versalhes e exigir os direitos sobre o Marrocos que ela havia trocado pelo aumento de Camarões.

Felizmente, essa ideia nem é mencionada. Todos sabem que o Tratado de Versalhes é intangível. E o Marrocos se

---

2. N. do E.: Joseph Caillaux (1863-1944), foi primeiro-ministro da França entre 1911 e 1912.

tornou carne da própria França por causa dos sacrifícios feitos por ele. Sacrifícios não apenas de homens e de dinheiro, mas de importância muito maior. Em relação ao Marrocos, a França se comportou como uma verdadeira "potência colonial": ela vendeu a liberdade egípcia, assinou um tratado cujas cláusulas secretas contradiziam as públicas e violou abertamente outro tratado. Tais sacrifícios morais, para a nação mais leal do mundo, conferem direitos sagrados.

Além disso, que a Alemanha fique sabendo, qualquer desembarque de tropas alemãs no Marrocos nos encontrariam dispostos a matar e a morrer!

É verdade que, pelas últimas notícias, parece que poucas tropas alemãs passaram pelo Marrocos. E daí? A presença de engenheiros alemães no Marrocos espanhol é incontestável; o envio de minério de ferro marroquino para a Alemanha também. É evidente que qualquer domínio econômico da Alemanha sobre uma porção do Marrocos seria intolerável. Nenhum tratado impede isso, mas essa proibição é subentendida.

A Alemanha não tem a menor noção de conveniência. A prova é essa história das concessões econômicas nas colônias portuguesas. Claro, nenhum tratado proíbe Portugal e Alemanha de fazerem acordos desse tipo, mas será que uma proibição deveria ser necessária?

Já que a Alemanha precisa que coloquemos todos os pontos nos is, faremos isso. Quisemos, por educação, poupá-la de algumas verdades desagradáveis, torcendo para que ela soubesse se manter em seu lugar.

Como ela não está fazendo isso, que nosso governo convoque uma conferência internacional para completar o Tratado de Versalhes com dois aditivos:

– No preâmbulo, um aditivo que comporte a seguinte definição: "Toda situação internacional em que a Alemanha for econômica, militar e politicamente inferior à França constitui um estado de paz. Tudo que faça as forças alemãs se igualarem ou superarem as francesas constituirá uma provocação à guerra."

– E uma nova cláusula, cuja legitimidade salta aos olhos: "Toda expansão econômica da Alemanha, seja em relação aos portos de destino, seja em relação às matérias-primas, é contrária ao direito internacional. Derrogações só serão possíveis com uma autorização da França."

Se o governo da Frente Popular, se os partidos da Frente Popular ainda não tiverem entendido que esse é o dever deles, o Comitê de Vigilância saberá lembrar a eles.

E, em torno de uma política tão justa, se fará, enfim, a união da nação francesa!

CARTA AOS INDOCHINESES[1]

[Em 1930, os nacionalistas indochineses tentaram treinar tropas nativas de Yên Bái (Tonkin) contra os oficiais e suboficiais franceses. Eles fracassaram. A repressão das autoridades francesas foi impiedosa.]

É com dor e vergonha que eu, jovem francesa que nunca deixei a Europa, me dirijo, através deste jornal, aos indochineses. Essa dor, essa vergonha datam de muito tempo atrás. De mais de cinco anos atrás. Há mais de cinco anos, elas não param de encher meu peito de peso.

Eu nunca vou esquecer. Foi na época da Exposição Colonial. A revolta sangrenta de Yên Bái, seguida por uma repressão sangrenta, tinha lembrado à França que a Indochina existia. *Le Petit Parisien* havia publicado na primeira página uma investigação corajosa e bem documentada de Louis Roubaud. Eu o comprava toda manhã. Ao tomar café, ansiosa, devorava os artigos dele. Lia

---

1. Projeto de artigo, inverno de 1936-1937.

neles como os *coolies*² eram recrutados, como apanhavam, como alguns capatazes brancos acabavam mutilando ou dando chutes nos operários anamitas diante de seus colegas, assustados demais para intervir. Lágrimas de vergonha me sufocavam, eu não conseguia mais comer. Na Exposição Colonial, eu via a multidão – e grande parte dela lia *Le Petit Parisien* – contemplar a reprodução do templo de Angkor com uma admiração inocente, estupidamente indiferente ao sofrimento causado pelo regime simbolizado ali. Desde então, não consigo pensar na Indochina sem ter vergonha do meu país.

Hoje temos um governo da Frente Popular. O espírito tão claramente generoso e humano do chefe do governo conquista a simpatia de todos os homens de bem. O ministro das Colônias é socialista. Pela primeira vez, surge a esperança de que a Indochina um dia deixe de ser motivo de vergonha para os franceses.

No entanto, o poder de um governo é limitado, sobretudo quando existem tantos inimigos, tantas dificuldades a vencer. Vocês, amigos, irmãos da Indochina, devem ajudá-lo a melhorar o destino de vocês, a aproximá-los da libertação. Claro, isso é uma noção difícil, perigosa e que, infelizmente, fará vítimas, exigirá sacrifícios. O chefe do governo e o ministro são socialistas, mas aqueles que executam suas instruções, que lhes informam, que os cercam de sua influência, não. Este jornal deve ajudar a fazer a ligação entre vocês e aqueles que, na França, estão

---

2. N. do T.: Trabalhadores braçais da Ásia.

pensando em vocês. Usem-no para chamar a atenção da França; para nos informar, para nos dizer que as coisas estão melhores do que antes e que, apesar da mudança de governo, continua ruim. Digam-nos tudo que vocês pensam. Nós lisonjeamos os tiranos, mas falamos de maneira franca com os amigos.

PARTE II

AS NOVAS QUESTÕES DO PROBLEMA COLONIAL NO IMPÉRIO FRANCÊS[1]

Os problemas da colonização surgem, sobretudo, em termos de força. A colonização começa quase sempre pela imposição da força sob sua forma pura, ou seja, pela conquista. Um povo, submetido pelas armas, de repente tem que obedecer às ordens de estrangeiros de outra cor, de outra língua, de toda uma outra cultura, convencido da própria superioridade. Consequentemente, como é preciso viver, e conviver, certa estabilidade é estabelecida, fundada sob um compromisso entre a coerção e a colaboração. É verdade que toda vida social é fundada nesse compromisso, mas as proporções de coerção e colaboração diferem e, nas colônias, a parte da coerção costuma ser maior do que em outros lugares. Não seria difícil encontrar uma colônia pertencente a um Estado democrático em que a coerção seja, em muitos casos, pior que no pior Estado totalitário da Europa.

A coexistência entre duas raças, mesmo que uma dirija a outra, não implica em si em uma coerção tão grande.

---

1. *Essais et combats*, dezembro de 1938.

Bases de uma colaboração suficiente para reduzir a coerção ao mínimo poderiam ser encontradas. Os europeus que vão para outros continentes poderiam, sobretudo, não se sentir desnorteados entre pessoas que acreditam ser inferiores se conhecessem melhor a própria cultura e história; eles então não acreditariam que inventaram tudo.

Do mesmo modo, a cultura europeia, adornada com os próprios prestígios e todos os da vitória, sempre chega a atrair parte da juventude dos países colonizados. A técnica, depois de ter chocado muitos hábitos, impressiona e seduz por sua força.[2] As populações conquistadas só querem, ao menos em parte, assimilar essa cultura e essa técnica; se esse desejo não aparece tão rápido, o tempo

---

2. N. do E.: Para não pensar que Simone Weil valoriza mais uma cultura desenvolvida porque é baseada no desenvolvimento técnico, basta nos lembrarmos da segunda parte de *O enraizamento*, "O desenraizamento", "O desenraizamento operário": "O segundo fator do desenraizamento é a instrução como ela é concebida hoje. O Renascimento provocou uma ruptura em todos os lugares entre as pessoas cultivadas e a massa, mas ao separar a cultura da tradição nacional, ela a mergulhou ao menos na tradição grega. Desde então, os elos com as tradições nacionais não foram renovados e a Grécia foi esquecida. Isso resultou em algo que se desenvolveu em um meio muito restrito, separado do mundo, em uma atmosfera confinada, uma cultura consideravelmente orientada para a técnica e influenciada por ela, muito manchada de pragmatismo, extremamente fragmentada pela especialização, despida tanto de contato com esse universo quanto de abertura em relação a outro mundo. [...] O que chamamos hoje de instruir as massas é pegar essa cultura moderna, elaborada em um meio muito fechado, muito louco, muito indiferente à verdade [...] e enfurnar o resíduo disso na memória dos infelizes que querem aprender". (Simone Weil, *L'Enracinement*, op. cit., p. 64.)

o traz de maneira quase infalível. Uma colaboração cordial seria possível, apesar da subordinação de uma raça à outra, se cada etapa do caminho da assimilação parecesse, para a população submetida, uma nova etapa no caminho para a independência econômica e política. No caso contrário, a assimilação aguça os conflitos. Uma juventude criada na cultura do vencedor só suporta ser tratada com desdém por homens de quem ela se sente semelhante e igual se isso for feito pela força. A técnica, quando a miséria das massas aumenta, ou simplesmente se mantém, ou mesmo diminui, mas não em um ritmo que corresponde à valorização do país, parece ser um bem monopolizado por estrangeiros, que queremos tomar. Se a população da colônia tem a sensação de que o vencedor pretende prolongar indefinidamente a relação de conquistador e conquistado, é estabelecida uma paz que difere da guerra apenas pelo fato de um dos lados não ter acesso a armas.

É para essa situação que toda colonização tende, automaticamente, por um tipo de inércia. E é óbvio que é uma situação intolerável. Se supusermos que ela é dada, de que maneira será possível que ela melhore?

*

Um dos meios que podemos conceber é o nascimento de um movimento de opinião na nação colonizadora contra as injustiças assustadoras impostas às colônias. Tal movimento de opinião deveria ser fácil de suscitar em um país que reivindicar para si um ideal de liberdade e de humanidade. A experiência mostra que não é. Em 1931, Louis Roubaud publicou na primeira página do *Le Petit Parisien* uma série de artigos sobre a Indochina cheia de revelações horríveis que não foram desmentidas; eles ainda não produziram nenhuma consequência e ainda hoje muitas pessoas instruídas, que consideramos bem informadas, ignoram toda a repressão atroz de 1931. Durante o grande movimento que fez os operários franceses se revoltarem em 1936, podemos dizer que eles não lembraram que as colônias existiam. As organizações que lhes representavam também não se lembraram disso. De maneira geral, os franceses estão tão totalmente convencidos da própria generosidade que não se preocupam com os males que sofrem as populações distantes por causa deles; e a coerção priva essas populações da possibilidade de reclamar. A generosidade não chega à casa de nenhum povo a ponto de se esforçar para descobrir as injustiças cometidas em seu nome; em todo caso, ela com certeza não chega a esse ponto na França. A propaganda de alguns só consegue gerar um remédio fraco.

Um outro meio, o que se apresenta de maneira mais natural ao espírito, é com uma revolta vitoriosa. Mas é difícil que uma revolta colonial seja vitoriosa. Os números estariam do lado dos revoltados, mas o monopólio da técnica e das armas mais modernas pesa mais na balança das forças. Uma guerra que absorveria as forças armadas da nação colonizada pode talvez apresentar possibilidade de emancipação violenta; mas, mesmo nesse caso, uma revolta só venceria dificilmente e, sobretudo, ela seria especialmente ameaçada pelas ambições de outras nações armadas. De maneira geral, ao supor que uma revolta armada seria vitoriosa, a aquisição e a manutenção da independência nessas condições, a necessidade de garantir a defesa, tanto contra a nação que comandava até ali quanto contra as outras atraídas pela revolta, exigiria tamanha tensão moral, um uso tão intensivo de todos os recursos materiais que a população correria o risco de não ganhar nem bem-estar nem liberdade com ela. Sem dúvida, a independência nacional é um bem, mas, quando ela supõe tamanha submissão ao Estado que a coage, a exaustão e a fome são tão grandes que, sob um domínio estrangeiro, ela é vã. Nós, franceses, não queremos pôr esse preço em nossa independência nacional. Por que seria desejável que as populações das colônias ponham tamanho preço na aquisição da delas?

*

Parece que não há saída, e, no entanto, há uma. Existe uma terceira possibilidade. É a de que a nação colonizadora tenha interesse em emancipar progressivamente suas colônias e entenda esse interesse. E as condições para essa solução existem. O jogo das forças internacionais faz com que a França tenha interesse, um interesse urgente, evidente, em transformar seus súditos em colaboradores. Ela precisa entender esse interesse; aqui, a propaganda pode ser usada.

Se pensarmos apenas na Europa, é lamentável por vários motivos que a paz tenha sido mantida apenas às custas das concessões de Munique.[3] É horrível para os alemães dos Sudetos[4] que o regime hitlerista não seduz; é muito doloroso para a Tchecoslováquia, que não tem mais nem uma sombra de independência nacional; é amargo para os Estados democráticos cujo prestígio e, assim, a segurança parecem reduzidos. Mas, se olharmos para a Ásia e a África, o acordo de Munique gera uma esperança até hoje quimérica. A França, cuja posição na Europa sofreu muito, só se mantém entre as grandes potências por causa de seu império. Mas o que lhe resta de força e prestígio não basta mais para manter esse império se aqueles que o compõe não quiserem mais ficar.

As reivindicações da Alemanha para suas antigas colônias tocam apenas um aspecto parcial e secundário desse problema. Ninguém sabe quando ela fará suas reivindicações oficialmente, nem que outras poderão

---

3. N. do E.: Durante a Conferência de Munique – um encontro organizado pelos representantes de Alemanha, Itália, Reino Unido e França em setembro de 1938 – os líderes desses países buscaram resolver as questões territoriais que envolviam os interesses dos alemães sobre os Sudetos, uma região que, até então, pertencia à Tchecoslováquia. Na ocasião, realizou-se um acordo de concessões territoriais da parte da França e da Inglaterra, uma tentativa de manter a paz no continente europeu.

4. N. do E.: Populações de etnia germânica que habitavam a Morávia e a Boêmia. Somavam um total de 3,2 milhões de cidadãos o que, no início do século XX, representava aproximadamente 36% da população total da Boêmia.

segui-las. Mas, já hoje, o Império Francês é objeto da cobiça da Alemanha e de seus aliados. A Alemanha sempre considerou abusivo – e não sem motivo – o protetorado francês sobre o Marrocos; a Itália está há algum tempo de olho na Tunísia; o Japão deseja a Indochina. A França não terá a força necessária para defender territórios tão vastos se as populações interessadas forem, no fundo, hostis a ela, nem mesmo se elas ajudarem na guerra de ambições como simples espectadoras.

Uma fábula de La Fontaine sobre um burro e seu mestre deve ser lida nesse caso. Todos na França a conhecem; basta pensar em aplicá-la. Mesmo que todos os franceses das colônias adotassem de repente os procedimentos mais humanos, mais benevolentes, mais desinteressados não bastaria para suscitar no império os sentimentos necessários para a segurança da França. É indispensável que os súditos da França tenham algo deles que outra dominação possa fazê-los perder. Nesse sentido, é indispensável que eles deixem de ser súditos, ou seja, seres passivos, bem ou maltratados, mas totalmente submetidos ao tratamento dado a eles. Eles têm que entrar de verdade, e logo, bem rápido, no caminho que leva da situação de súdito à de cidadão.

*

A questão não é transformar as colônias, de repente, em Estados independentes. Tal metamorfose seria, sem dúvida, sem futuro; mas, de todo modo, nenhum governo francês, de qualquer partido, pensaria isso. Teríamos que examinar modalidades de autonomia administrativa, de colaboração com o poder político e militar, de defesa econômica. Essas modalidades seriam necessariamente diferentes de acordo com as colônias. As mesmas soluções, sem dúvida, não são aplicáveis aos anamitas, que não esperaram a invasão francesa para ser um povo altamente civilizado, e em territórios do centro da África. O passado, a moral, as crenças devem ser levados em conta. Mas, sejam quais forem as modalidades, o sucesso só será possível se elas se inspirarem da mesma necessidade urgente: as populações das colônias devem participar ativamente, e para seu próprio benefício, na vida política e econômica de seu país.

Em relação à França, não é certo que uma política assim, mesmo aplicada de maneira rápida e inteligente, possa ser eficaz. Talvez seja tarde demais. Se for verdade, por exemplo, que, entre os milhões de habitantes do Anam e do Tonkin, nove entre cada dez famílias perderam pelo menos um membro por causa da repressão de 1931, esses milhões de homens talvez não perdoem com tanta facilidade. Mas o que é quase certo é que essa política dá à França uma chance única de manter seu *status* de potência que quase todos os políticos consideram indispensável para sua segurança.

Por outro lado, em relação às colônias, tal política, se for realmente mantida, seria eficaz em todos os casos. Se as populações colonizadas, após uma emancipação parcial, formarem ou não sentimentos favoráveis à manutenção do Império Francês, se elas continuarem, em um futuro próximo, sob o domínio francês ou passarem para o domínio de outro país. Em todos os casos, as liberdades adquiridas darão a elas a possibilidade de se defender contra qualquer opressão e possibilidade de seguir em direção a uma emancipação completa que elas hoje não têm. Hoje elas estão desarmadas e à mercê de quem quer que entre nelas com armas. Por exemplo, não há dúvida de que, se o Japão tomasse a Indochina, ele se aproveitaria do estado de impotência e passividade em que encontraria os anamitas. Se os encontrasse em posse de certas liberdades, seria difícil de pelo menos não as manter. Assim, do ponto de vista francês, essa política é necessária; do ponto de vista humano – que, digo de passagem, é naturalmente o meu –, seja quais possam ser as consequências para a França, ela ficaria feliz. Quem está acostumado a analisar tudo com base em duas categorias, "revolucionário" e "reformista" – o primeiro epíteto, nesse sistema maniqueísta, designa o bem e o segundo, o mal –, com certeza achará que tal solução para o problema colonial é coberta da loucura indelével do reformismo. Eu, sem hesitação, a considero infinitamente preferível, se for realizada, a uma emancipação que resultasse de uma revolta vitoriosa. Porque ela permitiria que as populações submetidas, hoje, a tantas coerções intoleráveis chegassem pelo menos a uma liberdade parcial sem serem forçadas a cair em um nacionalismo forçado – tanto imperialista quanto conquistador –, em uma industrialização excessiva fundada sobre a miséria prolongada de modo infinito das massas, em um militarismo agudo, em uma estatização de toda a vida social análoga a dos países totalitários. Estas seriam, quase obrigatoriamente, as consequências de uma revolta vitoriosa. Quanto às consequências de uma revolta não vitoriosa, elas seriam atrozes demais para termos vontade de evocá-las. A outra via, sem dúvida menos gloriosa, não derramaria sangue e, como dizia Lawrence da Arábia, aqueles que têm a liberdade por objetivo querem viver para aproveitá-la e não morrer por ela.

O que pode impedir que uma solução tão desejável para o problema colonial se torne realidade é a ignorância que a França tem sobre dados do problema. Ignoramos que a França não é, aos olhos da maioria de seus súditos, a nação democrática justa e generosa que ela é aos olhos de tantos franceses médios e outros. Ignoramos que os anamitas, especialmente, não têm nenhum motivo para preferi-la ao Japão e, na verdade, pelo que se ouve várias pessoas dizendo, não a preferem. Aqui o papel das informações pode ser importante. Contanto que as informações sobre o regime colonial não nos fizessem questionar a generosidade da França, elas poderiam cair na indiferença e, sobretudo, na incredulidade geral. Foi realmente o que aconteceu. Quando nossa segurança correr risco, elas terão a chance de serem levadas a sério. Por mais penoso e humilhante que seja admitir, a opinião de um país, sem nenhuma distinção de classe social, é muito mais sensível ao que ameaça sua segurança do que ao que ofende a justiça.

SOBRE A QUESTÃO COLONIAL E SUA RELAÇÃO COM O DESTINO DO POVO FRANCÊS[1]

O problema de uma doutrina ou de uma fé para inspirar o povo francês na França, em sua resistência atual e na construção futura, não pode ser separado do problema da colonização. Uma doutrina não se encerra no interior de um território. O mesmo espírito se exprime nas relações de um povo com aqueles que o dominaram pela força, nas relações de um povo com ele mesmo e nas relações daqueles que dependem dele.

Sobre a política interior da França, ninguém será louco a ponto de proclamar que a Terceira República vai ressuscitar completamente tal como era em 3 de setembro de 1939. Estamos falando só de um regime conformado às tradições da França, ou seja, principalmente à inspiração que fez a França da Idade Média ter papel tão importante na Europa e à inspiração da Revolução Francesa. É, aliás, a mesma, no geral, traduzida da linguagem católica para a laica.

---

1. Escrito em Londres para a *France Libre*.

Se esse critério é mesmo válido para a França, se ele é real, não deve haver outro para as colônias.

Isso supõe não uma manutenção, mas uma suspensão do *status quo* até que o problema colonial seja repensado, ou melhor pensado. Porque nunca houve uma doutrina colonial na França. Não podia haver. Houve práticas coloniais.

Para pensar esse problema, devemos superar três tentações. A primeira é o patriotismo, que tende a preferir seu país à justiça ou a admitir que nunca houve a possibilidade de escolher entre um e outro. Se há na pátria algo de sagrado, devemos reconhecer que existem povos que nós privamos de sua pátria. Se não há nada parecido, não devemos levar em conta nosso país quando uma questão de justiça surge.

A segunda tentação é o recurso às jurisdições. As jurisdições, nesse caso, são as coloniais. Elas são parte do problema. Na verdade, se o problema fosse explicado a fundo, elas poderiam ser acusadas. O julgamento delas não é imparcial. Aliás, se eles deixaram a França pelas colônias, foi, em muitos casos, porque o avanço do sistema colonial lhes atraía. Então, depois de chegar, a situação deles fez com que se transformassem. A linguagem dos nativos mais revoltados é uma prova menos avassaladora para a colonização do que a de muitos colonos.

Os nativos que vêm para a França preferem se relacionar, sempre que podem, com franceses da França do que das colônias. Essa qualidade não é apreciada por eles. Mas, na verdade, nós sempre responsabilizamos os colonos. O prestígio das jurisdições é tamanho na França que, quando os nativos se arriscam a dar queixa contra um ato de opressão, muitas vezes essa queixa, de escritório e escritório, volta à pessoa contra quem foi dada e ela se vinga. Temos tendência a fazer a mesma operação em grande escala.

Não apenas essa jurisdição é viciada, mas ela também é muito fragmentária. Ela é fragmentária em termos de espaço, já que muitos conhecem um pedaço do império e o generalizam. Mas ela o é sobretudo em termos de tempo. Com exceção do Marrocos, onde certos franceses realmente se apaixonaram pela cultura árabe – e esse meio, diga-se de passagem, começa a constituir uma fonte de renovação para a cultura francesa –, os franceses coloniais não costumam ter curiosidade pela história dos países em que eles estão. Seria porque a administração francesa não faz nada para tornar tal estudo possível.

Como fingir que entendemos tão pouco do que um povo seja quando esquecemos que ele tem um passado? Nós, franceses, não buscamos nossa inspiração no passado da França? Será que achamos que ela é a única a ter um?

A terceira tentação é a cristã. Como a colonização é um meio favorável para as missões, os cristãos ficam tentados a amá-la por esse motivo, mesmo quando reconhecessem suas taras.

Mas, sem discutir a questão – que, no entanto, mereceria uma análise – de saber se um hindu, um budista, um muçulmano ou um dos que têm nomes pagãos não tem, na própria tradição, um caminho para a espiritualidade como propõem as igrejas cristãs, sabemos que Cristo nunca disse que os navios de guerra devem acompanhar, mesmo que de longe, aqueles que anunciam a Boa Nova. A presença deles muda o caráter da mensagem. O sangue dos mártires dificilmente pode conservar a eficácia sobrenatural que lhe atribuímos quando ele é vingado por armas. Queremos ter mais trunfos nesse jogo do que é permitido ao homem quando tentamos ter tanto César quanto a Cruz.

Os laicos mais fervorosos, os maçons, os ateus amam a colonização por um motivo diametralmente oposto, mas mais bem fundado nos fatos. Eles a amam como uma extirpadora de religiões, o que ela realmente é. A quantidade de pessoas que ela fez perder a religião é muito maior do que o de pessoas a quem ela leva outra. Mas quem conta com ela para espalhar o que chamamos de fé laica também se engana. A colonização francesa leva também, por um lado, uma influência cristã e, por outro, uma influência das ideias de 1789. Mas as duas influências são relativamente fracas e passageiras. Não pode ser diferente, dado o modo de propagação dessas influências e a distância exagerada entre a teoria e a prática. A influência forte e duradoura segue mais no sentido da incredulidade, ou mais exatamente do ceticismo.

O mais grave é que, como o alcoolismo, a tuberculose e algumas outras doenças, o veneno do ceticismo é muito mais virulento em um terreno antes não atingido. Nós infelizmente não acreditamos em muita coisa. Fabricamos, através do contato conosco, um tipo de homem que não acredita em nada. Se isso continuar, um dia, sofreremos o contragolpe com uma brutalidade – da qual o Japão vem nos dando apenas um gostinho.

Não podemos dizer que a colonização faça parte da tradição francesa. É um processo que foi realizado longe da vida do povo francês. A expedição da Argélia foi, de um lado, uma questão de prestígio dinástico, de outro, uma medida de policiamento mediterrâneo. Como acontece muito, a defesa se transformou em conquista. Mais tarde, a aquisição da Tunísia e do Marrocos foi, como dizia um dos que tomaram grande parte da segunda, sobretudo um reflexo de camponês, que amplia seu pedaço de terra. A conquista da Indochina foi uma reação de vingança contra a humilhação de 1870. Por não termos conseguido resistir aos alemães, como compensação, fomos privar de sua pátria, aproveitando-nos de problemas passageiros, um povo de civilização milenar, pacífico e bem organizado. Mas o governo de Jules Ferry realizou esse ato abusando de seus poderes e desafiando abertamente a opinião pública francesa. Outras partes da conquista foram executadas por oficiais ambiciosos e diletantes que desobedeciam às ordem formais de seus chefes.

As ilhas da Oceania foram tomadas por acaso durante a navegação, por iniciativa de tal ou qual oficial, e entregues a um punhado de policiais, missionários e comerciantes, sem que o país tenha se interessado por elas.

Não é só que a colonização na África negra tenha provocado o interesse público. Ela também era a mais justificável, dado o estado desse continente infeliz, do qual praticamente ignoramos a história, mas onde os brancos causaram toda a devastação possível há quatro séculos, com as armas de fogo e o comércio de escravos. Isso não impede que haja um problema não resolvido na África negra.

Não podemos dizer que o *status quo* seja uma resposta aos problemas do Império Francês. E há uma outra coisa que não podemos falar nem pensar; que o problema concerne apenas ao povo francês. Isso seria tão legítimo quanto a pretensão análoga de Hitler sobre a Europa Central. O problema concerne, além do povo francês, a todo o mundo e, sobretudo, às populações submetidas a ele.

A força sobre a qual repousa um império colonial é uma frota de guerra. A França perdeu quase toda a sua. Não podemos dizer que ela a sacrificou; ela a perdeu de verdade para o inimigo, que a teria tomado se ela não tivesse destruído. Com isso, a França dependerá, depois da vitória, para as suas relações com o império, dos países que têm uma frota. Como esses países não teriam voz em todos os grandes problemas do império? Se é a força que decide, a França perdeu a sua; se é o direito, a França nunca teve o de dispor o destino das populações não francesas. Em nenhum sentido, nem por direito nem de fato, podemos dizer que os territórios habitados por essas populações são propriedade da França.

O maior erro que a França livre poderia cometer seria querer, no caso, manter essa pretensão de domínio absoluto diante dos Estados Unidos. Não pode haver nada de pior que uma atitude radicalmente oposta tanto ao ideal quanto à realidade. Uma atitude que seja oposta a um dos dois e conforme o outro já tem grandes inconvenientes, mas a outra tem todos.

É preciso olhar para o problema colonial como algo novo. Duas ideias essenciais podem lançar luz sobre isso.

A primeira ideia é a de que o hitlerismo é a aplicação dos métodos de conquista e dominação coloniais pela Alemanha no continente europeu e, de maneira mais genérica, aos países de raça branca. Os tchecos lembraram primeiro essa analogia quando, ao protestar contra o protetorado da Boêmia, disseram: "Nenhum povo nunca foi submetido a um regime como este." Se examinarmos com cuidado os procedimentos das conquistas coloniais, a analogia com os procedimentos hitleristas é evidente. Podemos encontrar um exemplo nas cartas escritas por Lyautey de Madagascar. O excesso de horror que, há algum tempo, parece distinguir a dominação hitlerista de todas as outras talvez possa ser explicado pelo medo da derrota. Ele não deve deixar ninguém esquecer a analogia essencial entre procedimentos – aliás, ambos vieram do modelo romano.

Essa analogia dá uma resposta pronta para todos os argumentos a favor do sistema colonial. Porque todos esses argumentos, os bons, os menos bons e os ruins, são usados pela Alemanha, com o mesmo grau de legitimidade, nas propagandas sobre a unificação da Europa.

O mal que a Alemanha teria feito à Europa se a Inglaterra não tivesse impedido a vitória alemã é o mal que a colonização causou, o desenraizamento. Ela teria privado os países conquistados de seu passado. A perda do passado é a queda na servidão colonial.

Esse mal que a Alemanha tentou em vão nos fazer, nós fizemos aos outros. Por nossa culpa, pequenos polinésios recitam na escola: "Nossos ancestrais, gauleses, tinham cabelos louros, olhos azuis..." Alain Gerbault descreveu em livros que foram muito lidos, mas não tiveram influência nenhuma, como estamos fazendo essas populações morrerem literalmente de tristeza ao proibir seus costumes, suas tradições, suas festas, toda sua alegria de viver.

Por nossa culpa, os estudantes e intelectuais anamitas não podem, a não ser em raras exceções, entrar na biblioteca que contém todos os documentos relativos à história de seu país. A ideia que eles têm de sua pátria antes da conquista vem de seus pais. Essa ideia é, certa ou errado, a de um Estado pacífico, bem administrado, em que o excesso de arroz era mantido em depósitos para ser distribuído em tempos de fome, ao contrário da prática mais recente de exportar o arroz do sul quando a fome mata a população do norte. A máquina do Estado repousava totalmente nos concursos, dos quais todas as classes sociais podiam participar. Bastava a pessoa ter estudado, e era possível mesmo que ela não tivesse fortuna e fosse de um vilarejo distante. Os candidatos se reuniam em uma pradaria e, durante três dias, compunham uma redação sobre um tema específico, normalmente tirado da filosofia chinesa clássica. Os concursos tinham graus de dificuldade diferentes e as pessoas faziam um de cada vez. Cada concurso criava o ambiente no qual eram escolhidos os funcionários públicos da "dignidade" correspondente e o concurso de nível mais alto era o da "dignidade" de primeiro-ministro. O imperador não tinha liberdade para escolher um primeiro-ministro em outro lugar. Havia um nível muito alto de descentralização na administração e na cultura. Mesmo hoje ainda há vestígios disso em alguns vilarejos do norte de Tonkin, onde os camponeses conhecem os caracteres chineses e improvisam poesias durante grandes festas.

Essa imagem pode ter sido embelezada, mas é preciso confessar que ela corresponde à impressão que nos passam certas cartas de missionários do século XVII. Seja como for, seja isso tudo uma lenda, esse passado é o passado desse povo e ele não saberia se inspirar em outro. Ele já está quase totalmente desenraizado, mas não inteiramente. Se, depois que os japoneses forem expulsos, ele voltar a ser dominado por europeus, o mal não terá conserto.

Mesmo com o pouco alívio que deve acompanhar a partida dos japoneses, uma continuação do domínio francês sem dúvida não seria visto sem horror por causa das atrocidades que, de acordo com testemunhas concordantes, foram cometidas pelos franceses para reprimir uma rebelião na época do acordo franco-japonês. Segundo um desses testemunhos, os vilarejos teriam sido enfraquecidos por bombardeios, e milhares de pessoas, acusadas de serem familiares de rebeldes, postas em pontões e afogadas. Tenham essas atrocidades acontecido mesmo e sido cometidas por homens de Vichy ou não, a população anamita não fará essa distinção.

Ao privar os povos de sua tradição, de seu passado e, por isso, de sua alma, a colonização os reduz ao estado de matéria humana. As populações dos países ocupados são exatamente isso aos olhos dos alemães. Mas não podemos negar que a maioria dos colonos não tem a mesma atitude em relação aos nativos. O trabalho forçado matou muitas pessoas na África negra francesa e o método de deportação massiva foi praticado nela para povoar o sul do rio Níger. Na Indochina, o trabalho forçado existe nas plantações sob disfarces transparentes; os fugitivos são levados à polícia e, às vezes, como castigo, expostos a formigas-de-fogo. Um francês, engenheiro em uma das plantações, dizia sobre as chicotadas, a punição mais comum: "Mesmo que tentemos ser bonzinhos, é o melhor procedimento porque, como eles estão no limite extremo do cansaço e da fome, qualquer outra punição seria mais cruel." Um cambojano, empregado doméstico de um policial francês, dizia: "Eu queria ser o cachorro do policial. Ele recebia comida e não apanhava."

Em nossa luta contra a Alemanha, podemos ter duas atitudes. Seja qual for a necessidade da união, é preciso escolher entre elas, tornar a escolha pública e expressá-la através de nossos gestos. Podemos lamentar que a Alemanha tenha conseguido fazer o que gostaríamos de ter visto a França fazer. É assim que alguns jovens franceses dizem que apoiam o general De Gaulle pelos mesmos motivos que os fariam apoiar Hitler, se eles fossem alemães. Ou podemos ter horror não pela pessoa nem pela nacionalidade, mas pelo espírito, pelos métodos, pelas ambições do inimigo. Hoje não podemos fazer nada além da segunda opção. Senão, é inútil falar da Revolução Francesa ou do cristianismo. Se fizermos essa escolha, será preciso mostrá-la através de todas as nossas atitudes.

Lutar contra os alemães não é prova suficiente de que amamos a liberdade. Porque os alemães não nos tiraram apenas a liberdade. Eles também nos tiraram a potência, o prestígio, o tabaco, o vinho e o pão. Motivos diversos sustentam nossa luta. A prova decisiva seria favorecer qualquer acordo que garantisse pelo menos uma liberdade parcial àqueles de quem a tiramos. Assim poderíamos convencer não apenas os outros, mas nós mesmos, de que somos realmente inspirados por um ideal.

A analogia entre o hitlerismo e a expansão colonial, ao nos ditar do ponto de vista moral a atitude a tomar, também traz a solução prática menos pior. A experiência dos últimos anos mostra que uma Europa formada por nações pequenas e grandes, todas soberanas, é impossível. A nacionalidade é um fenômeno indeciso em grande parte do território europeu. Mesmo em um país como a França, a unidade nacional sofreu um choque muito forte. Bretões, lorenos, parisienses e provençais têm uma consciência muito mais forte do que antes da guerra de que são diferentes uns dos outros. Apesar de muitos inconvenientes, isso está longe de ser um mal. Na Alemanha, os vencedores se esforçarão para enfraquecer ao máximo o sentimento de uma unidade nacional. Provavelmente, parte da vida social na Europa será divida em uma escala muito menor do que a escala nacional; outra parte será unificada em uma escala muito maior. A nação será apenas um aspecto da vida coletiva, um lugar onde será possível ser praticamente tudo, como durante os últimos vinte anos. Para os países fracos, mas com uma tradição longa acompanhada de uma forte consciência, como a Boêmia, a Holanda e os países escandinavos, será necessário elaborar um sistema de independência combinado a uma proteção militar externa. Esse sistema pode ser aplicado do mesmo modo em outros continentes. É óbvio que, nesse caso, a Indochina, ficaria, como sempre esteve, na órbita da China. A parte árabe da África poderia retomar uma vida própria sem perder toda a ligação com a França. Quanto à África negra, me parece razoável que, para os problemas gerais, toda ela dependa de toda a Europa e que, para o resto, ela retome uma vida feliz, vilarejo a vilarejo.

A segunda ideia que pode esclarecer o problema colonial é que a Europa está situada com um tipo de média proporcional entre a América e o Oriente. Nós sabemos muito bem que, depois da guerra, a americanização da Europa é um risco muito alto e sabemos muito bem o que perderemos se ela acontecer. E o que perderemos é a parte de nós mesmos que é próxima do Oriente.

Vemos os orientais, de uma maneira muito errada, como primitivos e selvagens, e dizemos isso a eles. Os orientais nos veem, não sem motivos, como bárbaros, mas não falam nada. Do mesmo modo, tendemos a ver os Estados Unidos como um lugar sem uma verdadeira civilização, e os americanos tendem a acreditar que somos primitivos.

Se um americano, um inglês e um hindu estiverem juntos, os dois primeiros terão em comum o que chamamos de cultura ocidental, ou seja, certa participação em um clima intelectual composta pela ciência, pela técnica e pelos princípios democráticos. Tudo isso é estranho ao hindu. Por outro lado, o inglês e ele têm em comum algo do qual o americano é privado. Esse algo é um passado. Os passados deles são diferentes, claro. Mas muito menos do que imaginamos. O passado da Inglaterra é o cristianismo e, antes disso, um sistema de crenças provavelmente próximo do helenismo. O pensamento hindu é muito próximo dos dois.

Nós, outros europeus em luta contra a Alemanha, hoje falamos muito de nosso passado. É que ficamos angustiados com a possibilidade de perdê-lo. A Alemanha quer arrancá-lo de nós; a influência americana o ameaça. Nós queremos voltar a nos enraizar. E temos muito pouca consciência disso, mas nosso passado vem, em grande parte, do Oriente.

Tornou-se um lugar-comum dizer que nossa civilização, por ser de origem greco-latina, se opõe ao Oriente. Como muitos lugares-comuns, isso é um erro. O termo greco-latino não quer dizer nada de preciso. A origem da nossa civilização é grega. Só recebemos dos latinos a noção de Estado e o uso que fazemos dela nos faz pensar que foi uma herança ruim. Dizemos que inventamos o espírito jurídico, mas a única coisa certa nesse assunto é que o sistema jurídico deles foi o único que se manteve. Desde que conhecemos um código babilônico de quatro mil anos, não podemos mais acreditar que eles tivessem monopólio sobre isso. Em todos os outros domínios, a contribuição criativa deles foi nula.

Quanto aos gregos, fonte autêntica de nossa cultura, eles haviam recebido o que nos transmitiram. Até que o orgulho dos sucessos militares o tivesse tornado imperialistas, eles confessavam isso abertamente. Heródoto é o mais claro possível nesse assunto. Havia, antes de tempos históricos, uma civilização mediterrânea cuja inspiração vinha, antes de tudo, do Egito e, em segundo lugar, dos fenícios. Os helenos chegaram às margens do Mediterrâneo como um povo de conquistadores nômades quase sem cultura própria. Eles impuseram sua língua, mas receberam a cultura do país conquistado. A cultura grega foi formada por essa assimilação dos helenos ou pela persistência das populações anteriores, não helênicas. A guerra de Troia foi uma guerra em que um dos dois campos representava a civilização e esse campo era Troia. Sentimos pelo tom da *Ilíada* que o poeta sabia disso. A Grécia, em seu conjunto, sempre teve uma atitude de respeito filial em relação ao Egito.

A origem oriental do Cristianismo é evidente. Tenhamos nós, em relação ao Cristianismo, uma atitude de crença ou agnóstica, nos dois casos, é certo que, como fato histórico, ele foi preparado pelos séculos anteriores. Além da Judeia, que é uma região do Oriente, as correntes de pensamento que contribuíram para ele vinham do Egito, da Pérsia, talvez da Índia e, sobretudo, da Grécia, mas da parte do pensamento grego diretamente inspirada pelo Egito e pela Fenícia.

Quanto à Idade Média, os momentos brilhantes dela foram os instantes em que a cultura ocidental voltou a fecundar a Europa, através dos árabes e também por outras vias misteriosas, já que houve uma infiltração das tradições persas. O Renascimento também foi, em parte, causado pelo contato estimulante com Bizâncio.

Em outros momentos da História, certas influências orientais puderam ser fatores de decomposição. Foi o caso de Roma; é o caso da atualidade. Mas, nos dois casos, é um pseudo-orientalismo fabricado por e para esnobes e não pelo contato com civilizações orientais autênticas.

Resumindo, parece que a Europa precisa de contatos reais periódicos com o Oriente para se manter espiritualmente viva. É certo que existe na Europa algo que se opõe ao espírito do Oriente, algo de especificamente ocidental. Mas esse algo se encontra em estado puro e à segunda potência nos Estados Unidos e ameaça nos devorar.

A civilização europeia é uma combinação do espírito do Oriente com seu contrário, combinação na qual o espírito do Oriente deve entrar em uma proporção bastante considerável. Essa proporção está longe de ser realizada hoje. Nós precisamos de uma injeção de espírito oriental.

A Europa talvez não tenha outros meios de evitar ser decomposta pela influência americana a não ser um novo contato, verdadeiro e profundo, com o Oriente. Hoje, se reunirmos um americano, um inglês e um hindu, o americano e o inglês vão fraternizar abertamente, um se vendo como muito superior ao outro, e deixarão o hindu sozinho. A aparição progressiva de uma atmosfera em que os reflexos sejam diferentes talvez seja, espiritualmente, uma questão de vida ou morte para a Europa.

Bem, a colonização, longe de ser uma ocasião de contato com civilizações orientais, como foi o caso das Cruzadas, impede esse contato. O meio muito restrito e muito interessante dos arabistas franceses talvez seja a única exceção. Para os ingleses que moram na Índia, para os franceses que moram na Indochina, o ambiente humano é constituído pelos brancos. Os nativos fazem parte da paisagem.

Pelo menos os ingleses têm uma posição coerente. Eles fazem negócios e só. Os franceses, queiram eles ou não, levam os princípios de 1789 para todos os cantos. Com isso, apenas duas coisas podem acontecer. Ou os nativos se sentem chocados com o apego às próprias tradições desses novos estrangeiros, ou eles adotam sinceramente esses princípios e ficam revoltados por não terem esse privilégio. Por mais estranho que isso possa parecer, as duas reações hostis costumam ser demonstradas pelos mesmos indivíduos.

Seria muito diferente se o contato dos europeus com a Ásia, a África e a Oceania fosse feito com base em trocas de cultura. Sentimos nesses últimos anos, no fundo da alma, que a civilização moderna, incluindo nossa concepção de democracia, é insuficiente. A Europa sofre com várias doenças tão graves que nem nos arriscamos a pensar nisso. Uma é o movimento sempre crescente do campo para as cidades e das profissões artesanais para os trabalhos não manuais, que ameaçam a base física da existência social. Outra é o desemprego. Outra é a destruição voluntária de produtos de primeira necessidade, como o trigo. Outra ainda é a agitação perpétua e a necessidade constante de distrações. Outra é a doença periódica da guerra mundial. A tudo isso, hoje se acrescenta o costume crescente com uma crueldade tanto massiva quanto refinada, com o manejo mais brutal da matéria humana. Com tudo isso, não podemos mais dizer nem pensar que recebemos do Céu a missão de ensinar o universo a viver.

Apesar de tudo isso, sem dúvida temos certas lições a ensinar. Mas temos muitas a aprender com formas de vida que, por mais imperfeitas que sejam, têm, pelo menos, em seu passado milenar a prova de sua estabilidade. Nós as acusamos de serem imóveis. Na verdade, elas são todas decadentes provavelmente há muito tempo. Mas estão caindo lentamente.

O infortúnio suscitou em nós, franceses, uma aspiração muito viva em relação ao nosso passado. Quem fala da tradição republicana da França não pensa na Terceira República, e sim em 1789 e nos movimentos sociais do início do século passado. Quem fala de sua tradição cristã não pensa na monarquia, mas na Idade Média. Muitos falam dos dois e podem fazer isso sem se contradizer. Esse passado é nosso, mas tem o inconveniente de ser passado. Ele está ausente. As civilizações milenares do Oriente, apesar de grandes diferenças, são muito mais próximas da nossa Idade Média do que nós mesmos. Ao nos reaquecer com a projeção dupla de nosso passado e das coisas atuais que formam uma imagem transporta dele, podemos encontrar a força para preparar um futuro para nós.

Disso depende o destino da raça humana. Pois, mesmo que a hitlerização da Europa estivesse preparando sem dúvida a hitlerização do globo terrestre – realizada pelos alemães ou por seus imitadores, os japoneses –, do mesmo modo, uma americanização da Europa vai preparar sem dúvida uma americanização do globo terrestre. O segundo mal é menor que o primeiro, mas vem imediatamente depois dele. Nos dois casos, toda a humanidade perderia seu passado. E o passado é uma coisa que, depois de realmente perdida, nunca mais pode ser reencontrada. O homem, através de seus esforços, constrói, em parte, seu futuro, mas ele não pode fabricar um passado. Ele só pode conservá-lo.

Os enciclopedistas achavam que a humanidade não tinha interesse nenhum em conservar seu passado. Instruídos por uma experiência cruel, estamos voltando a essa crença. Mas não nos questionamos em termos claros o bastante para analisarmos bem a pergunta.

A base dessa questão é simples. Se as faculdades puramente humanas do homem bastam, não existe problema nenhum em limpar todo o passado e em contar com os recursos da vontade e da inteligência para vencer qualquer tipo de obstáculo. Foi nisso que acreditamos e é nisso que, no fundo, ninguém mais acredita, com exceção dos americanos, porque eles ainda não foram abalados pelo choque do infortúnio.

Se o homem precisa de socorro externo e se admitirmos que esse socorro é de ordem espiritual, o passado é indispensável porque ele é o depósito de todos os tesouros espirituais. Sem dúvida, a ação da graça, no mínimo, põe o homem em contato direto com outro mundo. Mas a difusão dos tesouros espirituais do passado pode apenas levar uma alma ao estado que é a condição necessária para que a graça seja recebida. É por isso que não há religião sem tradição religiosa, e isso é verdade mesmo quando uma nova religião acaba de aparecer.

A perda do passado equivale à perda do sobrenatural. Mesmo que nenhuma das duas perdas tenha se consumado na Europa ainda, ambas estão avançadas o bastante para podermos constatar experimentalmente essa correspondência.

Os americanos só têm o nosso passado; eles o guardam, através de nós, por fios extremamente tênues. Apesar de não quererem, a influência deles vai nos invadir e, se não encontrar obstáculos suficientes, lhes tirará o pouco de passado que têm, se é que podemos dizer isso, ao mesmo tempo em que nos privará do nosso. Por outro lado, o Oriente se agarrou de maneira obstinada a seu passado até que nossa influência, um pouco pelo prestígio do dinheiro, um pouco pelo das armas, tivesse vindo desenraizá-lo um pouco. Mas ainda é apenas um pouco. No entanto, o exemplo dos japoneses mostra que, quando orientais decidem adotar nossas taras, acrescentando-as às próprias, elas são elevadas à segunda potência.

Nós, os europeus, estamos no meio. Somos o eixo. Todo o destino dos humanos depende sem dúvida de nós, por um período provavelmente muito breve. Se deixarmos essa chance escapar, provavelmente logo cairemos não apenas na impotência, mas no vazio. Se, ainda mantendo um olhar voltado para o futuro, tentarmos entrar em contato com nosso próprio passado milenar, se nesse esforço buscarmos um estímulo em uma amizade real, baseada no respeito, com tudo que ainda é enraizado no Oriente, talvez possamos preservar o passado de uma aniquilação quase total e, ao mesmo tempo, a vocação espiritual do ser humano.

A aventura do padre De Foucauld[2] levado à fé, e com isso ao Cristo, por um tipo de emulação diante do espetáculo da fé árabe, seria assim um símbolo do nosso próximo renascimento.

Para isso, é preciso que as populações consideradas "de cor", mesmo que primitivas, deixem de ser populações submetidas. Mas, do ponto de vista esboçado aqui, fazer delas nações à la Europa, democráticas ou não, não seria melhor; seria, aliás, uma loucura, tanto nos casos em que isso fosse possível quanto nos que não fosse. Existem nações demais no mundo.

---

2. N. do E.: Charles de Foucauld (1858-1916) foi um oficial das Forças Armadas da França, depois explorador e geógrafo e, por fim, religioso católico e eremita, que viveu na Argélia. Foi beatificado em 2005.

Há somente uma solução: achar para a palavra "proteção" um significado que não seja uma mentira. Até aqui, essa palavra só foi usada para mentir. E, apesar de muito desacreditada, podemos encontrar um sinônimo para ela. O essencial é achar uma combinação através da qual as populações não constituídas em nações, e sob alguns aspectos dependentes de certos Estados organizados, sejam independentes o bastante em outros aspectos para poderem se sentir livres. Pois a liberdade, assim como a felicidade, é definida sobretudo pela sensação de que a temos. Essa sensação não pode ser sugerida pela propaganda nem imposta pela autoridade. Podemos apenas, e com muita facilidade, forçar as pessoas a expressá-la sem senti-la. É isso que torna a diferenciação muito difícil. O critério é uma certa intensidade de vida moral sempre ligada à liberdade.

Existem dois fatores favoráveis para a solução desse problema. O primeiro é que ele também surgirá para as populações enfraquecidas da Europa. Isso pode nos fazer imaginar que ele será muito estudado. O que podemos estabelecer como princípio a partir de agora é que, por exemplo, a pátria anamita e a pátria tcheca ou norueguesa merecem a mesma quantidade de respeito.

O outro fator favorável é que os Estados Unidos, por não terem colônias, logo, não terem preconceitos coloniais, e por aplicarem de maneira inocente seus critérios democráticos a tudo que não é da conta deles, consideram o sistema colonial sem simpatia. Eles estão, sem dúvida, a ponto de abalar seriamente a Europa entorpecida em sua rotina. Ao tomar o partido das populações submetidas por nós, eles nos dão, sem perceber, o melhor socorro para resistir à influência deles no futuro próximo. Eles não entendem, mas desastroso seria se nós também não entendêssemos.

Enquanto a guerra durar, todos os territórios do mundo são, sobretudo, terrenos estratégicos e devem ser tratados como tal. Isso implica na dupla obrigação de não dizer nada que cause mudanças imediatas e também não privar de qualquer esperança de mudança milhões de seres infelizes que a infelicidade pode empurrar para o lado do inimigo. Aliás, é essa preocupação dupla que também decide sobre nossa orientação em relação aos problemas sociais na França.

Mas, deixando de lado qualquer consideração estratégica, do ponto de vista político, seria desastroso tomar uma posição pública que cristalize o *status quo ante*. Talvez a desconfiança dos americanos em relação a nós, quando não vem dos motivos errados, venha desse medo legítimo de uma cristalização que, ao impedir os problemas urgentes de se mostrarem, priva-nos de qualquer esperança de resolvê-los até que nova catástrofe mundial os reabra.

Em termos políticos e sociais, nossa posição oficial consiste em estarmos disponíveis para tudo que seja justo, possível e concorde com a vontade do povo francês. Essa posição só pode ser mantida se for usada para todos os problemas, sem exceção, desde que, em todos os problemas relativos às relações com populações não francesas, sejam quais forem elas, a vontade do povo francês seja composta com a vontade dessas populações, em uma concessão equilibrada, e com a das grandes nações que, depois de terem vencido, terão basicamente a responsabilidade sobre a ordem no mundo.

Até recentemente, a França foi uma grande nação. Ela não é nesse momento. Mas vai voltar a ser rapidamente se for capaz de fazer o necessário em relação a isso rapidamente. É natural que todos tenhamos esperança. Mas ela não é um direito divino. Não existe mais uma hierarquia do direito divino em termos internacionais nem em termos políticos. O reconhecimento dessa verdade é compatível com o patriotismo mais intenso possível.

A antiga grandeza da França veio sobretudo de sua influência espiritual e da aptidão que ela parecia ter para abrir caminhos para os seres humanos.

Talvez ela possa recuperar algo disso, mesmo antes de ter recuperado alguma força, mesmo antes da libertação do território.

Prostrada, no chão, ainda um pouco atordoada, talvez ela possa mesmo assim tentar começar de novo a pensar no destino do mundo. Não a decidi-lo, pois ela não tem nenhuma autoridade para isso. A pensá-lo, o que é totalmente diferente.

Talvez seja o melhor estimulante, o melhor caminho para recuperar o respeito por si mesmo.

A primeira condição é não cristalizar absolutamente nada em nenhuma área.

QUEM FOI SIMONE WEIL
Maria Clara Lucchetti Bingemer

Simone Weil nasceu em Paris no dia 3 de fevereiro de 1909, em uma família abastada de origem judia. Considerando-se mal dotada intelectualmente, por comparação com o irmão, André Weil, excepcionalmente inteligente e precoce, entra em profunda depressão. No entanto, já nesta ocasião, Simone recebe o que interpretamos como a primeira revelação transcendental de sua vida, ao encontrar no fundo de seu próprio desespero, uma convicção consistente que lhe permitiu superá-lo. Teve repentinamente a certeza de que aquele que se empenha com todas as forças para obter o que deseja em termos espirituais o consegue. É ela mesma que vai narrar essa descoberta, muitos anos depois: "Depois de meses de trevas interiores, eu tive repentinamente e para sempre a certeza de que qualquer ser humano, mesmo se suas faculdades naturais são quase nulas, penetra neste reino da verdade reservado ao gênio, se apenas ele deseja a verdade e faz perpetuamente um esforço de atenção para alcançá-la."

Terminando seu exame de final de curso secundário aos quinze anos, Simone Weil foi aceita no Liceu Henri IV, um dos mais prestigiosos de Paris. A filosofia foi a área que escolheu para sua formação, e no seu itinerário de formação intelectual há uma figura que se impõe com força e influência indubitáveis: Alain, o mestre querido e admirado, que posteriormente se tornará igualmente seu amigo.

Em outubro de 1925, Simone Weil entra no Liceu Henri IV. Seu desejo maior era poder escutar as aulas do famoso professor e filósofo Alain.[1] O encontro com Alain foi decisivo para a trajetória intelectual e filosófica de Simone Weil. Seu verdadeiro itinerário filosófico começa aí. Nesse momento, ela iniciará essa busca constante e implacável da verdade, a qual jamais abandonará.

A aluna com dons intelectuais excepcionais, coração ardente e palpitante e com olhar compassivo sobre a realidade não escapou à percepção do mestre que desde o início soube valorizá-la. Mulher excepcionalmente inteligente e

---

1. Alain (1868-1951), cujo verdadeiro nome era Émile Chartier, teve uma considerável influência sobre toda uma geração de jovens filósofos, tanto como professor do Liceu Henri IV como enquanto cronista em jornais e revistas. Nascido na Normandia, em Mortagne-au-Perche, filho de um veterinário, entra na Escola Normal Superior, torna-se professor *agrégé* de filosofia e permanece durante toda a sua vida professor de liceu. Durante a guerra de 1914, Alain se alista como soldado de segunda classe e se torna artilheiro. Em política, as opções de Alain foram sempre ao lado dos radicais. Por sua vida e suas posições, assim como por seu carisma enquanto professor, entende-se bem o porquê de sua tamanha influência sobre a excepcional aluna que foi Simone Weil.

com uma rara sensibilidade para ler e interpretar o contexto de sua época, Simone Weil é também alguém que conseguiu antecipar questões que apenas hoje são debatidas e enfrentadas pela academia e pela sociedade.

Foi assim com a questão da inserção no meio operário para, a partir daí, elaborar a reflexão e o pensamento. A filósofa passou um ano trabalhando em mais de uma usina metalúrgica na França, o que lhe custou sérios problemas de saúde. Foi assim com o questionamento sobre a restrição da salvação à pertença institucional eclesiástica. Apesar de uma intensa e profunda experiência mística de ser "tomada pelo Cristo", a pensadora hesitou em receber o Batismo até sua morte, devido ao amor que sentia pelas outras religiões nas quais acreditava também existir a verdade. O livro *Lettre à um religieux* é uma bela amostra disso.

Foi assim, também, com a questão do colonialismo, que hoje se tornou um tema de ponta em todos os níveis de debates. Simone Weil é tocada e desafiada por essa questão desde que se preparava para o exame de *Agregation* na aula de Alain. Naquele momento, 1931, realizava-se em Paris a *Exposition Coloniale*. Nesse ano, lendo um artigo de jornal sobre a Indochina, a colonização francesa naquele país, a condição de vida dos anamitas, ela sentiu e compreendeu pela primeira vez a tragédia da colonização. É ela mesma que narra sua sensibilidade diante da dor que lhe provocava a colonização imposta por seu povo a outros povos e culturas: "...eu vi, na primeira página, pela primeira vez, o começo da bela pesquisa de Louis

Roubaud sobre a condição dos anamitas, sua miséria, sua escravidão, a insolência dos brancos. Às vezes, com o coração cheio desses artigos, eu ia à Exposição colonial..."

Simone Pétrement, sua biógrafa, conta que tempos mais tarde, ao decepcionar-se profundamente com os movimentos de esquerda e cessar quase completamente sua militância nesse campo, não abandonará jamais a questão colonial por considerá-la de suma importância. E assim escreve a dois queridos amigos: "Tudo que se passou depois que nos vimos pela última vez... fez-me tomar mais e mais a resolução de me retirar de uma vez por todas em minha torre de marfim e dela só sair para duas coisas: lutar contra a opressão colonial, lutar contra as manobras de defesa passiva."

O importantíssimo texto aqui publicado, "Lettre aux indochinois" data de 1936-37 e consiste em um projeto de artigo que depois não foi desenvolvido. É o período imediatamente anterior àquele em que Simone Weil se engajaria na guerra civil da Espanha empunhando armas e lutando *in loco* na coluna Durruti. Sua decepção não podia ser maior ao ver as atrocidades cometidas pelos milicianos seus companheiros. Sintoniza, então, profundamente com o escritor francês Georges Bernanos, que simpatizava com o franquismo e sofreu cruel decepção ao ver o comportamento de seus correligionários, violento e arbitrário no campo de batalha. Escreve-lhe uma bela carta expressando seus sentimentos. Sua inspiração para escrever o texto mencionado vem de todas as experiências que fez de imersão na injustiça e na violência: o trabalho na fábrica por um ano e o alistamento na luta armada na Guerra da Espanha.

No fim do ano de 1938 Simone Weil tem desejos que não consegue realizar: ir à Indochina ver com os próprios olhos as barbaridades do colonialismo. Desaconselhada, acaba desistindo. Mas a ferida pela brutalidade da colonização de seu país, a França, nas terras da Indochina permaneceu profunda em seu coração desde sempre.

Nesse momento da história em que os populismos de direita e fascismos de muitas faces voltam a destacar-se no horizonte da humanidade, a tomada de posição da filósofa francesa conserva toda a sua atualidade. Muito poucos teriam coragem de escrever como ela "...não consigo pensar na Indochina sem ter vergonha do meu país." E, no entanto, ao ver hoje a tragédia dos migrantes nas latitudes ao norte da parte ocidental do mundo, ao perceber como os projetos coloniais esmagaram e em alguns casos assassinaram as culturas e tradições dos povos originários, pode-se compreender bem esse sentimento.

O colonialismo é, desde sempre, um atentado contra a liberdade e a identidade autêntica dos povos humanos em toda a sua diversidade. O presente livro traz o pensamento robusto e consistente de Simone Weil como contribuição inestimável que desde o início do século XX, quando o nazismo se levantava das sombras e o ovo da serpente chocava ainda ignorado por muitos, aponta para problemas e questões que hoje desafiam aqueles e aquelas para quem a ética ainda é o pensar primeiro e sobretudo a exigência humana primordial.

MARIA CLARA LUCCHETTI BINGEMER é professora do departamento de Teologia da Pontifícia Universidade Católica do Rio de Janeiro (PUC-Rio) desde 1982. É autora do livro *Simone Weil: mística da paixão e compaixão* (2014), e de *Teologia latino-americana: raízes e ramos* (2016).

CIP-Brasil. Catalogação na Publicação
Sindicato Nacional dos Editores de Livros, RJ

Weil, Simone, 1909-1943
Contra o colonialismo / Simone Weil; apresentação Valérie Gérard; posfácio Maria Clara Lucchetti Bingemer; tradução Carolina Selvatici. Rio de Janeiro: Bazar do Tempo, 2019.
116 p. (Coleção Por que política?; v. 4)
Tradução de: Contre le colonialisme
ISBN 978-85-69924-66-1
1. Colonização – Filosofia – Séc. XX. 2. Imperialismo.
3. Movimentos antiimperialistas – França – Séc. XX. 4. França – Colônias. I. Gérard, Valérie. II. Bingemer, Maria Clara Lucchetti.
IV. Selvatici, Carolina. V. Título.
19-60742   CDD: 325.344 0904   CDU: 325.36(44)

Meri Gleice Rodrigues de Souza, bibliotecária CRB 7/6439

COLEÇÃO **POR QUE POLÍTICA?**

Siderar, considerar: migrantes, formas de vida
Marielle Macé, apresentação
de Marcelo Jacques de Moraes

Uma lei para a história: a legalização do aborto na França
Simone Veil, apresentação e entrevista de Annick Cojean

Liberdade para ser livre
Hannah Arendt, apresentação de Pedro Duarte

Contra o colonialismo
Simone Weil, apresentação de Valérie Gérard

Ódios políticos e política do ódio:
lutas, gestos e escritas do presente
Ana Kiffer e Gabriel Giorgi

Este livro foi editado pela Bazar do Tempo
em novembro de 2019, na cidade de São Sebastião
do Rio de Janeiro, e impresso em papel Pólen
Bold 90 g/m² pela gráfica Vozes. Foram usados
os tipos GT Haptik e GT Sectra.

1ª reimpressão, outubro de 2021